TORONTO MEDIEVAL LATIN TEXTS 20

tde sun - 60-61

'solen chair' e 4 elements - 49

mutatio = creator - p 81

londoy wit & Aristotle - 81

all stars in million Laughed - 79

krun Salem

TORONTO MEDIEVAL LATIN TEXTS

The 'Vulgate' Commentary on Ovid's *Metamorphoses*

The Creation Myth and the Story of Orpheus

Edited from
Sélestat, Bibliothèque humaniste, MS. 92
by
FRANK T. COULSON

Published for the
CENTRE FOR MEDIEVAL STUDIES
by the
PONTIFICAL INSTITUTE OF MEDIAEVAL STUDIES
Toronto

Canadian Cataloguing in Publication Data

Main entry under title:

The Vulgate commentary on Ovid's Metamorphoses

(Toronto medieval Latin texts ; 20)
Text in Latin; introduction in English.
Includes bibliographical references.
ISBN 0-88844-470-2

1. Ovid, 43 B.C.-17 or 18 A.D. Metamorphoses.
Book 1.   2. Ovid, 43 B.C.-17 or 18 A.D. Metamorphoses.
Book 10.   3. Orpheus (Greek mythology) in literature.
4. Creation in literature.   I. Coulson, Frank Thomas.
II. Bibliothèque humaniste de Sélestat (France).
Manuscripts. 92.   III. University of Toronto.
Centre for Medieval Studies.   IV. Pontifical
Institute of Mediaeval Studies.   V. Ovid, 43 B.C.-17
or 18 A.D. Metamorphoses. Book 1.   VI. Ovid, 43 B.C.-
17 or 18 A.D. Metamorphoses. Book 10.
VII. Series.

PA6519.M9B5 1991   873'.01   C91-095357-0

© 1991 by
The Pontifical Institute of Mediaeval Studies
59 Queen's Park Crescent East
Toronto, Ontario, Canada M5S 2C4

For Nina

PREFACE

The Toronto Medieval Latin Texts series is published for the Centre for Medieval Studies, University of Toronto, by the Pontifical Institute of Mediaeval Studies. The series is intended primarily to provide editions suitable for university courses and curricula, at a price within the range of most students' resources. Many Medieval Latin texts are available only in expensive scholarly editions equipped with full textual apparatus but with little or no annotation for the student; even more are out of print, available only in libraries; many interesting texts still remain unedited.

Editions in this series are usually based on one manuscript only, with a minimum of textual apparatus; emendations are normally made only where the text fails to make sense, not in order to restore the author's original version. Editors are required to select their manuscript with great care, choosing one that reflects a textual tradition as little removed from the original as possible, or one that is important for some other reason (such as a local variant of a text, or a widely influential version). Manuscript orthography and syntax are carefully preserved.

The Editorial Board is not merely supervisory: it is responsible for reviewing all proposals, for examining all specimens of editors' work, and for the final reading of all editions submitted for publication; it decides on all matters of editorial policy.

All volumes in the series are printed by photo-offset lithography, from camera-ready copy prepared on an AT&T UNIX™PC, using SoftQuad Publishing Software and an Apple LaserWriter™Plus.

As General Editor, I would like to thank the Centre for Medieval Studies and its Directors, past and present, for their continuing support and encouragement at all stages in the development of the series.

A.G.R.

ACKNOWLEDGMENTS

This book owes much to the generous support of numerous individuals and institutions. The Social Sciences and Humanities Research Council of Canada, the College of Humanities of The Ohio State University, the Paul Mellon Foundation, the American Philosophical Society, the Tinker Foundation, and the School of Graduate Studies and Research Development of The Ohio State University provided research grants for travel and acquisition of microfilms. I am also grateful to Professor C.J. McDonough for helpful criticism, to Professor Virginia Brown for much appreciated assistance, to Professor George Rigg for his careful reading of the text and for several suggestions for improvement, and to the librarian of the Bibliothèque humaniste in Sélestat, France, for permission to publish the relevant folios of MS. 92. Lastly, I would like to thank Bill Vine for encouragement and support.

The publication of this text was made possible through a generous publication subsidy from the College of Humanities of The Ohio State University.

F.T.C.

CONTENTS

Introduction   1

Bibliography   18

TEXT

    Accessus   24

    The Creation Myth (*Met.* 1.1-150)   30

    The Story of Orpheus (*Met.* 10.1-77)   116

Textual Notes   146

INTRODUCTION

Development of the Commentary Tradition in Late Antiquity

The fourth century was the great age of the commentator and scholiast on classical texts.[1] From this period we have preserved many commentaries associated with specific individuals: Acro and Porphyrio on Horace, Donatus on Terence, and perhaps the most famous ancient commentary on a classical text, Servius on Virgil.[2] Unlike the texts of Latin poets and prose writers, commentaries were not considered to be 'fixed' texts; there was no single version that was correct, and later teachers and grammarians who came into contact with a commentary might well alter the text or make additions to suit their own purposes. So, for example, the commentary on Horace written by Porphyrio in the third century is now represented by a version probably assembled about 400; and the commentary by Donatus is represented by a mangled compilation of two sets of abridgments of the original commentary recombined during the Carolingian period.[3] The most important exception to this process is the commentary of Servius on Virgil, which acquired a sort of 'auctoritas' and status as a fixed text.

1 For surveys of scholarly activity during this period, see in particular L. D. Reynolds and N. G. Wilson, *Scribes and Scholars: A Guide to the Transmission of Greek and Latin Literature* (Oxford 1974), esp. pp. 18-37; and James Zetzel, 'On the History of Latin Scholia,' *Harvard Studies in Classical Philology* 79 (1975) 335-54, and *Latin Textual Criticism in Antiquity* (Salem 1981).

2 All now available in editions. For Porphyrio, see Alfred Holder, ed., *Pomponi Porfyrionis commentum in Horatium Flaccum* (Innsbruck 1884, repr. New York 1979); for Donatus, P. Wessner, ed., *Donatus: Commentum Terenti,* 3 vols. (Leipzig 1902-5); and for Servius, G. Thilo and H. Hagen, eds., *Servii Grammatici qui feruntur in Vergilii carmina commentarii* (Leipzig 1881-1902).

3 I am indebted to Zetzel, *Latin Textual Criticism.* For a fuller discussion of the transmission of commentaries in late antiquity, see his ch. 5.

Servius, born between A.D. 370 and A.D. 380, was a pupil of Donatus and became *grammaticus urbis Romae,* holder of the endowed chair in grammar at Rome. In addition to his work on Virgil, he is known to have written a commentary on the *Ars grammatica* of Donatus. Servius' commentary on Virgil reflects the scholarly preoccupations of his age. We find in Servius' commentary an interest in grammar, topography, religious and historical questions, matters of antiquarian concern, and metrical and orthographical difficulties. In addition, he details variant readings in the text and at times advances his own views on the correct reading. Servius, however, did not attempt to construct a text of Virgil but took his lemmata from the readings of a manuscript that was available to him; nor did he seek to change these readings even when he violently disagreed with them in his commentary.[4]

Thus commentaries from late antiquity rarely constitute original works written by a single individual. Rather, they represent a compilation of critical notes on a given text extracted from a tradition that may go back to the time of the author of the text itself.

Textual and Commentary Tradition on the *Metamorphoses* before the 'Vulgate'

The *Metamorphoses* held a preeminent position in the school tradition of the later Middle Ages and Renaissance (1100-1600).[5] Surprisingly little, however, is known about the cir-

---

4 See Zetzel, *Latin Textual Criticism* ch. 6 for fuller discussion.
5 The most important studies of Ovid and the school tradition are: P. Demats, *Fabula: Trois études de mythographie antique et médiévale* (Geneva 1973); E.H. Alton, 'Ovid in the Mediaeval Schoolroom,' *Hermathena* 94 (1960) 21-38 and 95 (1961) 67-82; F. Ghisalberti, 'Arnolfo d'Orléans, un cultore di Ovidio nel secolo XII,' *Memorie del Reale Istituto lombardo di scienze e lettere* 24/4 (1932) 157-234, 'Mediaeval Biographies of Ovid,' *Journal of the Warburg and Courtauld Institutes* 9 (1946) 10-59, and 'Giovanni del Virgilio, espositore delle *Metamorfosi,*' *Il giornale dantesco* 34 (1933) 1-110; Ann Moss, *Ovid in Renaissance France: A Survey of the Latin Editions of Ovid and Commentaries*

cumstances surrounding the transmission and study of the text from late antiquity to the Carolingian period. While such poets as Virgil, Terence, and Horace are preserved in early manuscripts, many of which also transmit antique scholia, the earliest complete text of the *Metamorphoses* is found only in manuscripts of the eleventh century. It is difficult to plot with precision the interrelationships of manuscripts from this early period, but certain broad conclusions can be drawn. On the one hand, we have a small group of closely related manuscripts, all of which appear to descend from a single archetype and many of which also transmit prose summaries of the poem probably appended to an ancient edition of the poem (the summaries are falsely attributed to Lactantius, hence the title 'Lactantian' for manuscripts of this class). On the other hand, we have a mass of manuscripts that seem to present in an intermingled form more than one stream of ancient tradition. It must be stressed that the manuscripts of this group show a high degree of contamination, and it is probable that lost hyparchetypes in this class carried alternative readings that their descendants adopted in various ways.[6] Little or nothing is known about the school tradition on the poem from this period. Our only evidence for scholarly activity is the so-

Printed in France before 1600 (London 1982); and R. J. Hexter, *Ovid and Medieval Schooling: Studies in Medieval School Commentaries on Ovid's Ars amatoria, Epistulae ex Ponto, and Epistulae Heroidum* (Munich 1986). For an excellent survey of Ovid and the allegorical tradition see Don Cameron Allen, *Mysteriously Meant: The Rediscovery of Pagan Symbolism and Allegorical Interpretation in the Renaissance* (Baltimore and London 1970), esp. pp. 163-99. A team of scholars consisting of Richard J. Tarrant (Harvard), Ann Moss (Durham), Ralph J. Hexter (Yale), and Frank T. Coulson (Ohio State) is presently engaged in producing an annotated catalogue of the medieval and humanistic Latin commentaries on Ovid, to appear in a volume of the *Catalogus translationum et commentariorum* ed. Virginia Brown (Washington 1960-present).

6 The foregoing summary of the MS tradition is indebted to Richard Tarrant's article in *Texts and Transmission: A Survey of the Latin Classics* ed. L. D. Reynolds (Oxford 1983) pp. 276-82. For a detailed survey of the literature on the textual tradition see *Texts and Transmission* p. 277.

called *Narrationes Lactantii* (alluded to above), a series of prose paraphrases of the stories probably composed in late antiquity and transmitted in one class of manuscripts of the text.[7]

Detailed knowledge of the school tradition on the poem begins in France during the later eleventh century. Numerous manuscripts of the late eleventh/twelfth century preserve scholia of unidentified authorship,[8] many of which may draw upon the earlier work of Manegold of Lautenbach[9] (fl. 1080). These early commentaries adopt a relatively straightforward approach to explicating the poem, restricting their comments in general to questions of mythology (they cite Vatican Mythographers I and II, Hyginus, and Servius) and grammar. Quotations from other poets are rare and remain confined to the work of Statius, Virgil, and Ovid.

At the end of the twelfth century, Arnulf of Orléans composed two works on the *Metamorphoses* that greatly influenced the direction of Ovidian commentary during the thirteenth and fourteenth centuries.[10] Arnulf's series of philological glosses, originally transcribed interlinearly in manu-

---

7 For the *Narrationes Lactantii* see Brooks Otis, 'The *Argumenta* of the so-called Lactantius,' *Harvard Studies in Classical Philology* 47 (1936) 131-63, and Ralph J. Hexter, 'Medieval Articulations of Ovid's *Metamorphoses:* From Lactantian Segmentation to Arnulfian Allegory,' *Mediaevalia* 13 (1987) 63-82. An edition of the text of the *Narrationes* is available in H. Magnus, ed., *P. Ovidii Nasonis Metamorphoseon libri XV* (Berlin 1914) pp. 625-721.

8 Examples of such MSS are: Munich, Bayerische Staatsbibliothek, Clm 4610, Clm 14482, and Clm 14809; Salzburg, Stiftsbibliothek St. Peter, a.V.4; Berlin, Staatsbibliothek preussischer Kulturbesitz, lat. 4° 540 and lat. 8° 68.

9 See K. Meiser, 'Ueber einen Commentar zu den *Metamorphosen* des Ovid,' *Sitzungsberichte der königlichen bayerischen Akademie der Wissenschaften,* philos.-philol. und hist. Klasse (1885) 47-89, and M. Manitius, *Geschichte der lateinischen Literatur des Mittelalters* vol. III (Munich 1911) pp. 175-80.

10 For Arnulf see esp. Ghisalberti, 'Arnolfo'; *Arnulfi Aurelianensis glosule super Lucanum,* ed. Berthe M. Marti (Rome 1958); and E.H. Alton, 'The Mediaeval Commentators on Ovid's *Fasti,*' *Hermathena* 44 (1926) 119-151, esp. 125-9.

scripts of the *Metamorphoses*, deal not only with questions of grammar but also treat mythology, astronomy, geography, and science.[11] His second work, the *Allegoriae*,[12] interprets the stories of the epic morally, historically, and allegorically; this work enjoyed an immense vogue throughout the later Middle Ages and foreshadowed the allegorizing/christianizing tradition on the *Metamorphoses* that found its fullest development in the *Ovidius moralizatus* of Pierre Bersuire (ca. 1348).[13]

By the mid-thirteenth century manuscripts of the *Metamorphoses* became increasingly filled with dense scholia. Like their twelfth-century counterparts, these commentaries explicate the literal sense of the text: they construe difficult sentences, explain grammatical peculiarities (often with recourse to the *Doctrinale* of Alexander of Villa-Dei or the *Graecismus* of Eberhard of Béthune[14]), and provide synonyms for

11 Ghisalberti, 'Arnolfo' pp. 180-9, reproduces extracts from the commentary as transcribed from Venice, Biblioteca nazionale Marciana, MS. Marc. lat. XIV 222 [4007]. Hugues-V. Shooner has recently identified another witness (Munich, Bayerische Staatsbibliothek, MS. Clm 7205), and I have uncovered six additional MSS that I intend to discuss in a future article.

12 Ed. Ghisalberti, 'Arnolfo' pp. 201-29.

13 For the importance of Bersuire see: F. Ghisalberti, 'L'*Ovidius moralizatus* di Pierre Bersuire,' *Studi romanzi* 23 (1933) 6-136; Petrus Berchorius, *Reductorium morale liber XV: Ovidius moralizatus cap. I, De formis figurisque deorum. Textus e codice Brux. Bibl. Reg. 863-9 critice editus* and *Reductorium morale liber XV, cap. ii-xv: Ovidius moralizatus,* ed. J. Engels (Utrecht 1966 and 1962 respectively); J. Engels, 'L'Edition critique de l'*Ovidius moralizatus* de Bersuire,' *Vivarium* 9 (1971) 19-48; C. Samaran, 'Pierre Bersuire, prieur de St. Eloi de Paris,' *Histoire littéraire de la France* 39 (1962) 258-450; and Moss, *Ovid in Renaissance France,* esp. pp. 23-36.

14 Alexander of Villa-Dei, born ca. 1170 in Villedieu, Normandy, was a grammarian and tutor to the two nephews of the bishop of Dol for whom he wrote the *Doctrinale.* This verse grammar was extremely popular in the later Middle Ages and survives in over 200 MSS and 300 early printed editions. Eberhard of Béthune, grammarian and polemicist, was born at Béthune, Pas-de Calais, France. Little is known of his life, but his major work, the *Antihaeresis* (ed. J. Gretser [Ingolstadt 1614]), must have been written in the late 12th or early 13th century. Both the *Doctrinale*

arcane or unusual words. But these commentaries also reveal an increasingly sophisticated interest in philosophical and literary matters. The 'Vulgate' commentary may be considered one of the most important examples of such texts.

The Vulgate Commentary: Date and Origin

The 'Vulgate' was composed about 1250 in central France, probably in the *Orléanais,* and possibly at Orléans.[15] Several internal features of the work argue persuasively for a central French origin: medieval French equivalents for Latin terms are cited; and glosses of indisputably French origin (most notably those of Arnulf and William of Orléans[16]) have been freely incorporated into the text; finally, the earliest manuscripts of the commentary are all schoolbooks written in the Loire valley region (Paris to Orléans). The commentary may be dated on internal evidence to ca. 1250, for it frequently cites the *Integumenta* (composed ca. 1230) of John of Garland[17] as well as Bartholomaeus Anglicus, who was writing

and the *Graecismus* have been edited. See D. Reichling, ed., *Das Doctrinale des Alexander de Villa-Dei* (Berlin 1893), and J. Wrobel, ed., *Graecismus* (Wratislawa 1887).

15 For the 'Vulgate' see: L. Castiglioni, 'Spogli riccardiani,' *Bollettino di filologia classica* 27 (1920) 162-6; Ghisalberti, 'Arnolfo' p. 177; and Frank T. Coulson, *A Study of the 'Vulgate' Commentary on Ovid's Metamorphoses and a Critical Edition of the Glosses to Book One* (Ph.D. diss. Toronto 1982). Its *accessus* is critically edited in Coulson, 'Hitherto Unedited Medieval and Renaissance Lives of Ovid (I),' *Mediaeval Studies* 49 (1987) 152-207.

16 The best treatment of William of Orléans' commentary on Ovid is Hugues-V. Shooner, 'Les *Bursarii Ovidianorum* de Guillaume d'Orléans,' *Mediaeval Studies* 43 (1981) 405-24; see also Alton, 'Ovid in the Schoolroom' pp. 67-8 and 70-76.

17 The *Integumenta* is a poem of 520 lines that purports to uncover the true meaning of the *Metamorphoses*. Highly arcane and obscure in style, it nevertheless enjoyed an immense vogue in the Middle Ages and was frequently transmitted along with the *Allegoriae* of Arnulf of Orléans in MSS of the *Metamorphoses*. For John of Garland see the following: F. Ghisalberti, ed., *Integumenta Ovidii: Poemetto inedito del secolo XIII*

his vast encyclopaedia, the *De proprietatibus rerum,* ca. 1230-40.

The author of the commentary remains unidentified. Indeed, it may be more appropriate to describe the 'Vulgate' as a compilation of earlier and contemporary glosses on the poem. This fact can be seen most clearly in those places where the commentary reports twice the same information or furnishes two contradictory accounts for the same passage.

The 'Vulgate' enjoyed an immense popularity and wide circulation in numerous manuscripts of the *Metamorphoses;*[18] in addition, extensive sections from it appear in scholia (both named and anonymous) from the fourteenth and fifteenth centuries.[19]

Nature of the Work

The 'Vulgate' commentary consists of interlinear glosses and a fuller commentary transmitted in the margins of manuscripts of the *Metamorphoses.* In general, the commentator uses the interlinear glosses to explicate grammatical and syntactical concerns, while in the marginal commentary he gives freer rein to literary interests. The interlinear glosses in particular contain features of layout and language peculiar to commentary texts, features that may cause the modern reader

(Messina-Milan 1933); L. K. Born, 'The MSS of the *Integumenta* on the *Metamorphoses* of Ovid by John of Garland,' *Transactions of the American Philological Association* 60 (1929) 179-99; Traugott Lawlor, ed., *The Parisiana Poetria of John of Garland* (New Haven 1974); and E. Faral, *Les Arts poétiques du 12ᵉ et 13ᵉ siècle* (Paris 1924).

18 For a complete listing of the MSS see below, Manuscript Tradition.

19 The most important examples of such commentaries are: Paris, Bibliothèque nationale, MS. lat. 8010, and Wolfenbüttel, Herzog-August-Bibliothek, Cod. Guelf. 5.4. Aug. 4° (which contain the commentary attributed to Guillermus de Thiegiis); Paris, Bibliothèque nationale, MSS. lat. 8253 and lat. 6363; Vatican City, Biblioteca Apostolica Vaticana, MSS. Chigi H V 167 and Pal. lat. 1667; and Naples, Biblioteca nazionale, MS. IV F 62.

difficulties of interpretation.[20] Thus I now turn to a fuller discussion of the commentator's approach and interests in these
glosses.

Interlinear glosses supply the medieval reader with helps
to understanding the structure and syntax of Ovid's text. We
find numerous aids with the grammar: *o* over pronouns and
proper names indicates that they are in the vocative case (see
10/17, 44, 70); prepositions explain the use of various cases,
particularly the ablative (e.g. *per* before *grauitate*, 1/30;
propter before *estv*, 1/49; *per motus* above *motibus*, 10/7; *per*
above *lacrimis*, 10/45); a suprascript prefix signals the glos-
sator's suggestion of a compound verb in place of Ovid's
simple form (e.g. *e* [= *elegit*] for *legit*, 1/27; *de* [= *depressa*]
for *pressa*, 1/30). Some interlinear glosses clarify a referent
(e.g. *uultum* spells out *quem*, 1/7; *hec sic discordancia* explains *hanc*, 1/21; *Euridicen* specifies *quam*, 10/11), while
others fill in an ellipsis (often of the verb *esse*) and can be
classified as suppletive (e.g. *erat*, 1/16 and 17; *est*, 1/29;
iussit, 1/44; *legebant*, 1/106; *transiens*, actually accompanied
by *suplete*, 10/14).

Numerous interlinear glosses explain the meaning of a
word. At their most rudimentary level, such glosses provide
synonyms or explanations for words in the text that may have
presented difficulties for the medieval reader (see 1/23, 71,
83, 112, 118); or they seek to provide a more precise expres-
sion for a more general term (so *liberiorem meatum habentis*,
1/42; *legis coactione*, 1/90). In addition, however, interlinear
glosses may explicate unusual allusions (so *luna* clarifies
Phebe, 1/11; *magnum mare* identifies *Amphitrites*, 1/14) or
explain more fully the peculiar import of a word (e.g. *quia de
eadem massa facta fuerunt* referring to *semina*, 1/81; *de
informi in formatam* expanding *conuersa*, 1/88).

The interlinear gloss also comments on textual and metrical concerns. For example, variant readings in the text of the

20 For a fuller discussion of the various categories of interlinear gloss, see
    Gernot Wieland, *The Latin Glosses on Arator and Prudentius in Cam-
    bridge University Library MS. Gg.5.35* (Toronto 1983).

Metamorphoses are indicated in the interlinear gloss by *uel* (so *uel iudice* for *uindice*, 1/89; *uel arbuteos* for *arboreos*, 1/104; *uel eterni* for *antiqui*, 1/116); and Ovid's use of spondaic verses is duly noted (see 1/14).

Finally, the interlinear gloss attempts to show the reader how one phrase in the sentence is linked in thought to the preceding or following section. The commentator usually uses *dico* to connect the two thoughts, as at 10/59 where the text reading *infelix* is glossed *ille, dico, in hoc,* which means 'I say that Orpheus was unfortunate because of this' (i.e. he caught only receding winds). Other examples of this technique can be found at 10/65 and 67.

In many respects, the marginal commentary reflects the scholarly interests of the early thirteenth century. For example, the commentator relies principally upon the *Doctrinale* of Alexander of Villa-Dei and the *Graecismus* of Eberhard of Béthune for mnemonic verse tags to help his students retain essential points of grammar, syntax, and meaning, and he draws on the earlier work of Isidore of Seville for his (faulty) knowledge of etymology. He provides allegorical and moral interpretations – usually but not exclusively adapted from the *Allegoriae* of Arnulf of Orléans and the *Integumenta* of John of Garland – for each story. Some glosses comment briefly on peculiarities of meter (though the commentator's knowledge of this subject is not extensive) and elaborate the rhetorical devices whereby Ovid embellished his epic. These include *antipophora* (Greek ἀντυποφορά), a hypothetical question that a reader could ask about a statement in the text (cf. Quintilian 9.3.87); *antonomasia,* the use of an epithet for a proper noun; *chronographia,* the introduction of a dramatic episode through time reference; *emphasis,* the use of language to imply more than is actually said; *epexegesis,* something added by way of fuller explanation; *epitheton,* use of an epithet, a word or phrase used to characterize; *antitosis* (CL *antiptosis*), substitution of one case for another; *isteron proteron,* hysteron proteron, reversal of the logical order of ideas; *polisinteton* (CL *polysyndeton*), an abundance of conjunctions; *asinteton* (CL *asyndeton*), the lack of conjunctions;

synecdoche, the use of a part for the whole; *abusio,* the use of a wrong synonym; *yperbole* (CL *hyperbole*), rhetorical exaggeration; and *pleonasmos,* redundancy. The commentator also pays some attention to textual matters. In general, however, he remains content to list the possible variants for any given passage and almost never ventures an opinion regarding the preferred reading, even when one is self-evident. Lastly, it may be noted that the 'Vulgate' continues the tradition of interpreting passages of the poem in a specifically Christian sense. So, for example, at 1/32 and 78, in his explication of Ovid's oblique allusions to a 'deus' responsible for creation, the commentator identifies it as the Christian divinity.

While the 'Vulgate' commentary may be viewed as a product of its time, it nonetheless demonstrates a literary sensitivity rare among later medieval commentators on Ovid. Such aspects of the poem as structure, character portrayal, and Ovidian style and usage receive extensive treatment.[21] The commentator outlines the overall structural principles binding the disparate strands of the epic and details techniques whereby Ovid links one episode to another (usually labelling this *continuacio*). The principal techniques outlined include Ovid's use of the inset tale or embedded narrative, the continuation of one story from one book to the next (e.g. the story of Phaethon, which bridges books 1 and 2 of the poem), and the poet's use of verbal echoes to interweave the narrative strands of the epic. In addition, the 'Vulgate' strives to differentiate the particular complexion given to individual characters, and compares and contrasts character portrayal in the *Metamorphoses* with other Latin poems of the classical and medieval periods. And the commentator pays particular attention to those passages which reflect nuances of Ovidian style or diction, illustrating these traits with extensive quotation from a wide range of authors (including Alan of Lille, Walter of Châtillon, Bernard Silvester, Virgil, Statius, Lucan, Juvenal,

---

21   For a fuller discussion with copious examples see Frank T. Coulson, 'The Vulgate Commentary on Ovid's *Metamorphoses,' Mediaevalia* 13 (1989 for 1987) 36-54.

Valerius Flaccus, and the anonymous *Ilias Latina* and *Panphilus*).

The literary precepts advanced in the commentary reflect the theoretical framework of Horace's *Ars poetica*. Thus in 1/407 (fol. 5v) the commentator underlines the appropriateness of Ovid's narration with reference to Horace's precepts at *A.P.* 338-9:

> ⟨que tamen ex illis⟩ exprimitur hic euidenter quod qui gracia delectacionis scribit fingat ueris proxima et talia que sint ueri⟨s⟩ similia. Et si uere (*siue* S) falsa sint nec in rerum natura esse possint, ita tamen fingat ut quocumque modo esset non aliter melius esse posset, sicut Ouidius hic facit ex hominibus de iactu lapidum procreatis dicens *que tamen ex illis* etc. Hec etenim in rerum natura esse non possunt set falsa sunt; tamen proxima sunt ueris et talia que sunt ueris similia. Et hoc est quod docet poetas Horacius dicens in poetria: Ficta uoluptatis causa si⟨n⟩t proxima ueris/ vt quodcumque uolet poscat sibi fabula credi.

At 1/727 (fol. 9v) the commentator further stresses the connection between Ovid's portrayal of Io in book 1 and Horace's dicta at *A.P.* 123-4:

> *Terruit* dum sic vagam Io subdidit (*sibibit* ut uid. S), Ouidius, tanquam bonus poeta, proprietatem materie obseruando doctorem artis Horacium sequitur qui sic fieri docet in poetria: Sit Medea ferox inuictaque, flebilis Ino,/ perfidus Ixion, Io uaga, tristis Orestes.

Perhaps one of the most interesting features of the 'Vulgate' commentary is the commentator's extensive documentation of Ovidian influence on the themes and techniques of medieval Latin poets, particularly Bernard Silvester (*Cosmographia*), Alan of Lille (*Anticlaudianus*), and Walter of Châtillon (*Alexandreis*). At times the commentator merely alludes to a stylistic parallel that illustrates a medieval poet's debt to Ovid. Thus, for example, at 1/204 (fol. 4r) he underlines the verbal similarity between *Met.* 1.204 and Walter of Châtillon's *Alex.* 9.545:

> ⟨nec tibi grata minus pietas, Auguste, tuorum est⟩ in hoc ymitatur magister Galterus Ouidium: non fuit Eacide pietas ingrata suorum.

Elsewhere, however, the commentator is highly sensitive to

the manner in which the poetry of Ovid permeates the Latin literature of the medieval period. To give but one example, at *Met.* 1.108 Ovid describes the golden age of man. The commentator explicates the line thus (fol. 3r), citing Walter of Châtillon, *Alex.* 2.317-18:

> *Mulcebant* magister Galterus, uolens sapere uim uerborum Ouidii, locum delectabilem, in quo Darius ad suos loquitur, describit dicens: Hic mater Cybele Zephirum tibi flora maritans, pululat et uallem fecundat gratia fontis.

The 'Vulgate' commentator's examination of Ovidian influence on the Latin poetry of the twelfth century is a striking feature of the work and one not duplicated in other, contemporaneous Latin commentaries on the poem.

The *Accessus* to the Commentary

Six manuscripts of the 'Vulgate' commentary transmit an *accessus,* or introduction, to the *Metamorphoses.* The *accessus* was used during the Middle Ages as a general introduction to the text at hand.[22] The incipit to Servius' commen-

---

22 The most important studies on the *accessus* are: R.B.C. Huygens, ed., *Accessus ad auctores; Bernard d'Utrecht; Conrad d'Hirsau, Dialogus super auctores,* 2nd ed. (Leiden 1970); A.J. Minnis, *Medieval Theory of Authorship: Scholastic Literary Attitudes in the Later Middle Ages* (London 1984); J.B. Allen, *The Ethical Poetic of the Later Middle Ages: A Decorum of Convenient Distinction* (Toronto 1982); E.A. Quain, 'The Medieval *Accessus ad auctores,' Traditio* 3 (1945) 215-64. The *accessus* tradition on Ovid has been relatively thoroughly studied. See Ghisalberti, 'Medieval Biographies of Ovid'; Coulson, 'Hitherto Unedited Lives of Ovid,' and 'New Manuscript Evidence for Sources of the *Accessus* of Arnoul d'Orléans to the *Metamorphoses* of Ovid,' *Manuscripta* 30 (1986) 103-7; R. Janke, 'Eine neue Ovid-vita,' *Rheinisches Museum für Philologie* 47 (1892) 460-62; B. Nogara, 'Di alcune vite e commenti medioevali di Ovidio,' in *Miscellanea Ceriani: Raccolta di scritti originali per onorare la memoria di M. Antonio Maria Ceriani, prefetto della Biblioteca Ambrosiana* (Milan 1910) pp. 413-31; L. Rosa, 'Due biografie medievali di Ovidio,' *La parola del passato* 13 (1958) 168-72, and 'Su alcuni commenti inediti alle opere di Ovidio,' *Annali della Facoltà di lettere e filosofia dell' Università di Napoli* 5 (1955) 191-231;

tary on the *Aeneid*[23] served as a model for the commentators' six-part classification of exposition: *uita autoris,* a biography of the author; *titulus operis,* title; *materia,* subject matter; *intentio,* purpose of the author in writing the work; *utilitas,* usefulness of the work; and *cui parti philosophiae subponatur,* the subdivision of philosophy to which the work should be assigned.

The approach adopted by the 'Vulgate' commentator within the *accessus* is very original. He rejects the traditional six-part classification for a more succinct division represented by the headings *de quo, ad quid,* and *qualiter agit,* the first corresponding to *materia,* the second to *intentio,* and the third incorporating *utilitas.* Although he chooses not to deal with the poet's life, remarking that this subject is more proper to an introduction to Ovid's first poetic work, the *Heroides,* he does include a discussion of Ovid's name in the development of his argument *de quo agit,* which he builds on the meaning of the title of the *Metamorphoses.* Deriving *Ouidius* from *ouum diuidens,* 'dividing the egg,' he constructs an elaborate allegory whereby the world is given four layers corresponding to the four concentric layers of an egg. Then he identifies the *materia* of the poem as transformation, which he divides into four categories: natural, magical, moral, and spiritual. His argument *ad quid agit* is short and practical: the poem was written to achieve a reconciliation between Ovid and Augustus Caesar through the praise of Julius as it is effected in the conclusion of the *Metamorphoses.* In his discussion *qualiter agit,* finally, the commentator mentions that the poem's value lies in its great usefulness as a sourcebook of mythological lore and information.

K. Young, 'Chaucer's Appeal to the Platonic Deity,' *Speculum* 19 (1944) 1-13; and R. Leotta, 'Un *accessus* ovidiano,' *Giornale italiano di filologia* n.s. 12 (1981) 141-4.

23 'In exponendis auctoribus haec consideranda sunt: poetae uita, titulus operis, qualitas carminis, scribentis intentio, numerus librorum, ordo librorum, explanatio.'

The Manuscript Tradition

The 'Vulgate' commentary is transmitted in seventeen manuscripts presently known:[24]
- Austin, Harry Ransom Humanities Research Center of the University of Texas, 34 (s. XIII^2)
- Berlin, Deutsche Staatsbibliothek, Diez B Sant. 5 (s. XIII)
- Cambridge, Sidney Sussex College, delta 1.6 (s. XIII^2)
- Florence, Biblioteca Riccardiana, 624 (s. XIII^2)
- Leiden, Bibliotheek der Rijksuniversiteit, B.P.L. 95 (s. XIII^2)
- Milan, Biblioteca Ambrosiana, P 43 sup. (s. XIII^2)
- Naples, Biblioteca nazionale, IV F 5 (s. XIII^2)
- Paris, Bibliothèque nationale, lat. 8004 (s. XIII^2); lat. 8011 (s. XIII/XIV); lat. 8012 (s. XIII^2)
- Sélestat, Bibliothèque humaniste, 92 (s. XIII^2)
- Vatican City, Biblioteca Apostolica Vaticana, Vat. lat. 1598 (s. XIII^2); Pal. lat. 1663 (s. XIII/XIV); Ottob. lat. 1294 (s. XIV)
- Wolfenbüttel, Herzog-August-Bibliothek, Cod. Guelf. 123 Gud. lat. (s. XIV); Cod. Guelf. 159 Gud. lat. (s. XIII)
- Collection of Major J.R. Abbey, London; sold at auction at Sotheby's in June, 1989, present whereabouts unknown (s. XIII)

The witnesses can be divided into two distinct families, represented by α (Vat. lat. 1598, Sélestat 92, Wolfenbüttel 123 Gud. lat. and 159 Gud. lat.) and β (the remaining manu-

24 A fuller discussion of the MS tradition is contained in Coulson, *Study of the 'Vulgate' Commentary* pp. 48-66. Austin MS. 34, which contains a partial text of the commentary (wants 1.1-2.230), was discovered after the completion of the dissertation, and its place within the MS tradition has yet to be firmly established. In addition, a MS that formed part of the collection of Major J.R. Abbey (no. 286 of the MS catalogue of the *Metamorphoses* compiled by Franco Munari) and transmits a text of the 'Vulgate' commentary was recently sold at Sotheby's and is now in an unidentified private collection inaccessible to scholars. For a detailed discussion of this MS see Frank T. Coulson, 'New Manuscripts of the Medieval Interpretations of Ovid's *Metamorphoses*,' *Scriptorium* 44 (1990).

scripts). Of the two families, the manuscripts belonging to α have been more carefully copied and are less subject to corruption. Wolfelbüttel 159 Gud. lat. has unfortunately lost a folio in book 1, and this has resulted in the loss of lines 80-159 of the commentary; Vat. lat. 1598 transmits an excellent text, but has suffered much correction and erasure by a hand later than that of the original scribe; and Wolfenbüttel 123 Gud. lat., whose text is closely affiliated with Sélestat 92, contains a highly abbreviated version of the 'Vulgate' commentary. Sélestat 92, however, preserves a reliable and complete text of the 'Vulgate' commentary, and the commentary itself has remained unaffected by the vagaries of later correcting hands; accordingly, Sélestat 92 has been chosen as the base manuscript for the present edition.

Principles of Editing

Sélestat 92 (S) transmits a complete text of the *Metamorphoses* (written in a mid-thirteenth-century hand) and the 'Vulgate' commentary (written in a second hand of the later thirteenth century); the commentary accompanying the text consists of both interlinear glosses and extensive marginal comments. The text of the poem in S is unfortunately often corrupt; in this edition it is emended where necessary and the changes are indicated in the textual notes at the end of the volume. For the commentary, the reading of the manuscript is retained whenever possible; however, where the text seems deficient due to scribal corruption readings from two other manuscripts are incorporated: Wolfenbüttel Gud. lat. 123 (X), which transmits a text of the commentary closely affiliated with Sélestat 92, and Vat. lat. 1598 (V), which contains corrections by a later hand (V²) that frequently serve to clarify textual problems. Where the commentary contains an error that seems authorial (as opposed to scribal), the text is preserved and comments are made in the notes. Words in ⟨ ⟩ denote editorial additions (mostly lemmata omitted by the scribe), words in [ ] denote editorial deletions.

The orthography of the manuscript is preserved and, where this may result in confusion, explanations are provided in footnotes. The most common variations in spelling, however, are not noted, and these may be briefly summarized as follows: *e* for classical *ae, ci* for classical *ti, th* for classical *t*, a single consonant for classical double consonant (e.g. *quatuor*), duplication of a vowel (e.g. *hii*), intrusive *h* (e.g. *Horestes*), *ch* for classical *h, q* for classical *c* (e.g. *consequta*), and *y* for classical *i* (e.g. *Tytan*). The letters *u* and *v* are reproduced as they appear in the manuscript. Words and lemmata abbreviated in the manuscript are expanded silently; underlined terms are represented by italics. Punctuation and capitalization follow modern conventions.

Citations from earlier glosses incorporated by the 'Vulgate' commentary are identified in the notes. The most important of these are: the *Commentum* of William of Orléans (cited from Berlin, Staatsbibliothek preussischer Kulturbesitz, MS. Lat. qu. 219, folios 82r-118v); the *Commentum* of Arnulf of Orléans (cited from Munich, Bayerische Staatsbibliothek, MS. Clm 7205, folios 29r-65r) and his *Allegoriae* (ed. Ghisalberti, 'Arnolfo' pp. 201-29); and an early twelfth-century commentary transmitted in Salzburg, Stiftsbibliothek St. Peter, MS. a.V.4, folios 2r-48v.

Layout of the Edition

In Sélestat 92 each folio that carries the text of the *Metamorphoses* is divided into three columns; the poem with its interlinear glosses occupies the centre, column b, while the marginal comments fill columns to either side (a and c) and extend across the top and bottom margins. Column c of recto folios and column a of versos are wider than their corresponding a and c columns, and in places are subdivided into shorter columns by a line drawn down the centre; these shorter subcolumns may be designated as 1 (left side) and 2 (right side).

The abundance and length of both interlinear glosses and marginal comments preclude their being reproduced typographically as they appear in the manuscript. Instead, the poem and interlinear glosses are printed on left-hand pages, and the pertinent marginal comments on facing right-hand pages; lines of the Ovid text are repeated from one page to the next as necessary to match the commentary. Each text line of the poem has above it alphabetic markers noting the positions of the interlinear glosses, while the glosses themselves are printed in a list immediately below. The positions of the marginal comments, which are very scattered, are indicated as precisely as possible by folio numbers that include column designations; the designation "3rc1" points to folio 3 recto, column c, left subcolumn; "3rabc" indicates that the comment is in the top or bottom margin, spanning all three columns.

BIBLIOGRAPHY

Reference Works

Allen, Don Cameron. *Mysteriously Meant: The Rediscovery of Pagan Symbolism and Allegorical Interpretation in the Renaissance* (Baltimore and London 1970)

Castiglioni, L. 'Spogli riccardiani,' *Bollettino di filologia classica* 27 (1920) 162-6

Coulson, Frank T. 'Hitherto Unedited Medieval and Renaissance Lives of Ovid (I),' *Mediaeval Studies* 49 (1987) 152-207

———. 'MSS of the "Vulgate" Commentary on Ovid's *Metamorphoses:* A Checklist,' *Scriptorium* 39 (1985) 118-29

———. 'MSS of the "Vulgate" Commentary on Ovid's *Metamorphoses:* Addendum,' *Scriptorium* 41 (1987) 263-4

———. 'New Evidence for the Circulation of the Text of Valerius Flaccus?' *Classical Philology* 81 (1986) 58-60

———. 'New Manuscript Evidence for Sources of the *Accessus* of Arnoul d'Orléans to the *Metamorphoses* of Ovid,' *Manuscripta* 30 (1986) 103-7

———. 'New Manuscripts of the Medieval Interpretations of Ovid's *Metamorphoses,*' *Scriptorium* 44 (1990)

———. 'The *Vulgate* Commentary on Ovid's *Metamorphoses,*' *Mediaevalia* 13 (1989 for 1987) 29-61

Demats, P. *Fabula: Trois études de mythographie antique et médiévale* (Geneva 1973)

Du Cange, Charles du Fresne. *Glossarium mediae et infimae Latinitatis,* ed. L. Favre, 10 vols. (Niort 1883-7, repr. Paris 1937-8) [cited as Du Cange]

Friedman, J.B. *Orpheus in the Middle Ages* (Cambridge, Mass. 1970)

Ghisalberti, F. 'Arnolfo d'Orléans, un cultore di Ovidio nel secolo XII,' *Memorie del Reale Istituto lombardo di scienze e lettere* 24 (1932) 157-234

Latham, R.E. *Revised Medieval Latin Word-List from British and Irish Sources* (London 1965) [cited as Latham]

Meiser, K. 'Ueber einen Commentar zu den *Metamorphosen des Ovid*,' *Sitzungsberichte der königlichen bayerischen Akademie der Wissenschaften*, philos.-philol. und hist.-Klasse (1885) 47-89

Munari, F. *Catalogue of the Manuscripts of Ovid's Metamorphoses* (London 1957)

———. 'Supplemento al catalogo dei manoscritti delle *Metamorfosi* ovidiane,' *Rivista di filologia e di istruzione classica* 93 (1965) 288-97

———. 'Secondo supplemento al catalogo dei manoscritti delle *Metamorfosi* ovidiane,' in *Studia florentina Alexandro Ronconi sexagenario oblata* (Rome 1970) pp. 275-80

Oxford Latin Dictionary, ed. P.G.W. Glare (Oxford 1982) [cited as *OLD*]

Seznec, J. *The Survival of the Pagan Gods: The Mythological Tradition and its Place in Renaissance Humanism and Art*, trans. Barbara Sessions (New York 1953)

Stock, B. *Myth and Science in the Twelfth Century: A Study of Bernard Silvester* (Princeton 1972)

Thesaurus linguae Latinae (Leipzig 1900-) [cited as *TLL*]

Walther, Hans. *Initia carminum ac versuum medii aevi posterioris Latinorum: Alphabetisches Verzeichnis der Versanfänge mittellateinischer Dichtungen* (Göttingen 1959)

———. *Proverbia sententiaeque Latinitatis medii aevi: Lateinische Sprichwörter und Sentenzen des Mittelalters in alphabetischer Anordnung* (Göttingen 1963)

Warden, J. *Orpheus: The Metamorphoses of a Myth* (Toronto 1982)

Wetherbee, W. *Platonism and Poetry in the Twelfth Century: The Literary Influence of the School of Chartres* (Princeton 1972)

Editions of the *Metamorphoses*

Anderson, W.S. *P. Ovidii Nasonis Metamorphoses* (Leipzig 1982)

Bömer, F. *P. Ovidius Naso: Metamorphosen* (Heidelberg 1969)

Lee, A.G. *Ovid: Metamorphoses I* (Cambridge 1953, repr. Bristol 1984)

Editions of Other Primary Sources

The following is a list of printed editions and MSS of late-classical and medieval works cited in abbreviated form in the footnotes of the present edition.

Alexander of Villa-Dei
Doctrinale ed. D. Reichling (Berlin 1893)

Aratus
Germanici Caesaris Aratea cum scholiis ed. A. Breysig (Berlin 1867, repr. Hildesheim 1967)

Arnulf of Orléans
Allegoriae, in Ghisalberti, 'Arnolfo' (see Reference Works above) pp. 201-29
Commentum in Ovidium, Munich, Bayerische Staatsbibliothek, MS. Clm 7205, fols. 29r-65r

Balbus
Catholicon (Mainz 1460, repr. Westmead, England 1971)

Bartholomaeus Anglicus
De proprietatibus rerum (Frankfurt 1601)

Bernard Silvester
The Commentary on Martianus Capella's De nuptiis Philologiae et Mercurii attributed to Bernardus Silvestris ed. Haijo Jan Westra (Toronto 1986)
Cosmographia ed. P. Dronke (Leiden 1978)

Boethius
Philosophiae consolationis libri quinque ed. R. Peiper
(Leipzig 1871)

Calcidius
Timaeus a Calcidio translatus commentarioque instructus ed.
J.H. Waszink (Leiden 1975)

Eberhard of Béthune
Graecismus ed. J. Wrobel (Wratislawa 1887)

Fulgentius
Mitologiae, in *Opera* ed. R. Helm (Leipzig 1898)

Geoffrey of Vitry
*The Commentary of Geoffrey of Vitry on Claudian, 'De raptu
Proserpinae'* ed. A.K. Clarke and P.M. Giles (Leiden
1973)

Isidore
Etymologiae ed. W.M. Lindsay (Oxford 1911)

John of Garland
Integumenta Ovidii ed. F. Ghisalberti (Messina-Milan 1933)

'*Liber de natura deorum*' ed. V. Brown, *Mediaeval Studies* 34
(1972) 1-70

Macrobius
Commentarii in Somnium Scipionis, in *Macrobius* ed. J.
Willis, vol. II (Leipzig 1963)

Papias
Vocabulista (Milan 1476)

Servius
*Servii grammatici qui feruntur in Vergilii carmina commen-
tarii* ed. G. Thilo and H. Hagen (Leipzig 1881, repr.
Hildesheim 1961)

Vatican Mythographers
*Scriptores rerum mythologicarum Latini tres Romae nuper
reperti* ed. G.H. Bode (Cellis 1834)

Walter of Châtillon
Alexandreis ed. M. Colker (Padua 1978)

William of Conches
Philosophia mundi ed. G. Maurach (Pretoria 1974)

William of Orléans
Commentum in Ovidium, Berlin, Staatsbibliothek preussischer
Kulturbesitz, MS. Lat. qu. 219, fols. 82r-118v

THE 'VULGATE' COMMENTARY
ON OVID'S *METAMORPHOSES*

Sélestat, Bibliothèque humaniste, MS. 92

Accessus, fols. 1r-v
The Creation Myth, fols. 1v-3v
The Story of Orpheus, fols. 90r-91r

Accessus*

1ra Quoniam omnis prolixitas fastidium generat, quibusdam
pretermissis que de uita et operibus Ouidii solent hic a
quibusdam assignari, cum primo suorum operum, id est libro
Heroidum, pocius sint inquirenda, sit quod presens opus
5 vniuersorum eius operum quasi medium vnicuique quod suum
est. Relinquentes ad maiorem subsequencium euidenciam
sermonem nostrum per compendium dirigendo ut attenciores
habeantur auditores, prelibemus tria per que propositum
actoris et intencionem et scribendi modum in hoc opere
10 uideamus: primo videlicet de quo, secundo ad quid, tercio
uero qualiter agit actor in hoc opere.
De quo siquidem agat, patet per titulum qui talis est: Publii
Nasonis Ouidii Methamorphoseos liber primus incipit.
'Primus' nec inmerito, quia sequitur secundus; sunt etenim
15 XV quod ipse in opere Tristium contestatur dicens 'sunt michi

---

* A critical edition of this *accessus* is provided in Coulson, 'Hitherto
 Unedited Lives of Ovid' pp. 177-82.

1-11 *Quoniam ... opere:* medieval introductions generally develop six broad
 topics: *uita poetae* (life), *titulus operis* (title), *materia* (subject matter), *intencio* (intent of the author in writing the work), *utilitas* (the
 usefulness of the work for the reader), and *cui parti philosophiae
 subponatur* (under what branch of philosophy the work should be
 classified). It is customary for an *accessus* to the *Metamorphoses* to
 provide a life of Ovid. The 'Vulgate' commentary is thus unusual in
 refusing to treat this topic.

4-6 *sit quod ... est. Relinquentes:* I suspect that several words have been
 omitted. For *relinquentes* perhaps read *set hec relinquentes,* 'but put-
 ting to one side these matters.'

10 *de quo:* the subject matter of the poem, more generally designated by
 the term *materia.*
 ad quid: the intention of the author in writing the work, more generally
 designated by the term *intentio.*

11 *qualiter:* see below, p. 29. Under this rubric the commentator discusses
 meter (i.e. the heroic hexameter) and to what part of philosophy one
 should ascribe the *Metamorphoses.* The commentator links the poem
 with both physics and ethics.
 actor: CL *auctor*

mutate, ter quinque volumina, forme,' etc. Publius uero nomen
est a cognatione positum. Dicitur enim Publius a Publica
familia uel a patre Publio. Naso uero nomen est ab euentu,
quoniam a quantitate nasi Naso dictus est, siue quia, sicut
20 canis venaticus naso bene sentiens feram persequitur donec
eam captam detineat, ita Naso dictus est quasi odorinsecus,
quoniam vniuersa eius opera verbis rectoricis colorata et
sentenciis tam phisicis quam phillosophicis insignita et etiam
grammatica sufficienti solidata, sagaci eius ingenio exquisita,
25 odoriferum parturiunt legentibus intellectum. Ouidius autem
nomen est proprium et ethimologizari potest sic: Ouidius
enim dicitur quasi 'ouum diuidens,' id est occultum nobis et
incognitum aperiens, quoniam de primordiali materia, in qua
de creacione mundi agitur, pertractauit. Mundus enim ouo
30 comparatur; oui enim rotunditatem exprimit et, sicut ouum,
quatuor in se gerit. Ouum habet extrinsecus testam quam tela
sequitur intus, tercio albumen ordinatur, quarto uero
meditullium; per testam extrinsecam firmamentum figuramus,
per telam aera, per albumen aquam, per meditullium terram.
35 Firmamentum teste oui in firmitate conuenit et in tegendo
cetera, aer tele in tenuitate, aqua albumini in limpiditate, terra
meditullio in mediacione nec non in rerum creacione
quoniam, sicut pullus nascitur ex meditullio, ita ex terre
uisceribus omnia procreantur.

15-16   *sunt michi ... forme:* Ovid *Trist.* 1.1.117 and 3.14.19
21   *odorinsecus:* 'scent-following' (Latham)
27   *ouum diuidens:* 'dividing the egg.' This is the earliest occurrence (to my
        knowledge) of this etymology, which was to have a long history
        throughout the Middle Ages and Renaissance in both Latin and ver-
        nacular treatments of the poem. The etymology derives from Mar-
        tianus Capella, *De nuptiis Philologiae et Mercurii* 2.140, which in
        turn may be related to Macrobius, *Saturnalia* 7.16.8. The commenta-
        tor constructs an elaborate allegory whereby four concentric layers
        of the world correspond to those of the egg. The world and the egg
        are related by virtue of their shape and their composition: the firma-
        ment corresponds to the shell of the egg in covering and protecting,
        the air to the skin in its transparency, water to the white in its clarity,
        and the earth to the yolk in its generative qualities.

40   Per Methamorphoseos patet quod a materia sumitur titulus.
Methamorphoseos Grecum est et a pluribus compositum.
Componitur enim a metha quod est de, et morphos quod est
mutacio, et vsya quod est substancia, et sic methamorphoseos,
id est de mutacione substancie. Dici tamen potest quod metha
45 prepositio Greca est, morphoseos genitiuus Grecus et sic
exponitur methamorphoseos, id est de mutacionis et non de
mutacione, quoniam Greci carentes ablatiuo genitiuum cum
prepositione ponebant. Volunt enim actores nostri quod
genitiuus sit methamorphoseos et quod declinetur et quod
50 idem sit quod mutacio. Quod autem sit mutacio habemus in
diuina pagina de sanctis: 'in supera methamorphosi
refulgere'; et per magistri Mathei epytaphium quod est tale:
      Sum quod eris, quod es ipse fui; methamorphosis ista
      humanis rebus subdere colla uetat.
55 Et declinabitur ut memphis, -phios, decapolis, -leos et dicetur
nominatiuo hec methamorphosis, genitiuo huius methamorphosis uel methamorphoseos et sic deinceps secundum ter-
ciam declinacionem. Intitulatur autem liber iste de mutacione
substancie, non quod agat de mutacione tali quia substancia
60 non mutatur, set inmutari uidetur per accidens inmutatum, de
quo hic agit actor et a digniori ⟨parte⟩ apponit titulum.
    Sic habemus de quo agit et sic eius propositum quod est
agere de mutacione, vnde in primo uersu 'in noua fert animus'

44   *de mutacione substancie:* a traditional etymology for the title found in
        nearly all *accessus* to the poem. The commentator divides the word
        into its component parts, which he derives from Greek roots: *metha*
        meaning 'concerning,' *morphos* meaning 'transformation,' and *usya*
        meaning 'matter.' Thus the poem's title means 'concerning the trans-
        formation of matter.' His second interpretation (*Dici tamen* ...) is the
        correct one.
51-2   *in supera ... refulgere:* Mart. Cap. *De nupt. Phil. et Merc.* 1.30
53-4   *Sum ... uetat:* Walther, *Initia* no. 18728
60   *inmutari ... inmutatum:* the 'Vulgate' commentator treats this subject
        again in his remarks to line 1 of the poem, where he states that
        bodies are transformed in shape but not in substance; thus their
        form, i.e. their quality, is changed without their substance. Here the
        commentator emphasizes that the substance merely appears to have
        altered; in reality it is the same.

etc. Notandum autem est quod quadruplex est mutacio:
65 naturalis, moralis, magica, et spiritualis. Naturalis est que fit
per contexionem elementorum et retexionem uel mediante
semine uel sine semine. Per contexionem enim conueniunt
elementa et de spermate nascitur puer, et de ouo pullus, et de
1rb semine herba siue / arbor, et sic de consimilibus et hoc
70 mediante semine; per retexionem uero sicut fit dissolucio in
quolibet corpore, et hoc sine semine, et quantum ad elementa
⟨et⟩ quantum ad yle. Elementa, sicut fit quando terra rarescit
in aquam, aqua leuigatur in aera, aer subtiliatur in ignem;
iterum ignis spissatur in aera, aer tenuatur in aquam, aqua
75 conglobatur in terram. Et hec mutacio naturalis est de qua
facit mencionem in ultimo Pitagoras dicens 'quatuor eternus
genitalia corpora mundus continet' etc. Moralis est que
attenditur circa mores, uidelicet cum mores inmutantur, vt de
Licaone dicitur quod de homine mutatus est in lupum, quod
80 est dicere de benigno in raptorem, et sic de consimilibus que
in moribus attenduntur. Est autem magica mutacio que circa
artem magicam attenditur et fit tantum in corpore quando
uidelicet magi aliquid alterius essencie quam sit per artem
magicam faciunt apparere, vt ostendit de Circe que per artem
85 magicam legitur socios Vlixis in porcos mutauisse. Hec

64-5   *quadruplex ... spiritualis:* this fourfold treatment of the subject matter of
the poem is heavily indebted to Arnulf of Orléans. Arnulf had
divided the subject matter into three broad categories: *de naturali*
(natural transformation), *de magica* (magical transformation), and *de
spirituali* (transformation involving only a change in character). To
these the 'Vulgate' commentator adds a fourth, moral transformation, which he illustrates via the story of Lycaon, who is said to have
been changed into a wolf since his character was transformed from
that of a kindly individual to that of a plunderer.

76   *Pitagoras:* Pythagoras, a Greek philosopher born at Samos ca. 580 B.C.
who practised a life of severe asceticism and believed in the transmi-
gration of souls. In his speech (*Met.* 15.237-51), Pythagoras stresses
that even the four primordial elements do not endure but are con-
stantly changing and evolving.

76-7   *quatuor ... continet:* Ovid *Met.* 15.239-40
79   *dicitur ... in lupum: Met.* 1.232-9
84-5   *vt ostendit ... mutauisse: Met.* 14.277-84

autem ars, scilicet magica, fuit antiquitus in ualore, in
dampnacionem cuius lex dedit preceptum tale: 'alienam
segetem ne pellexeris' id est ne transtuleris. Segetes enim de
agro in agrum per artem magicam transferebant. Spiritualis
90 mutacio est que attenditur in corpore et in spiritu, quando
scilicet corpus sanum efficitur morbidum, et inde uexatur
spiritus et sic spiritus cum corpore pariter inmutatur, ut
apparet in freneticis et in aliis morbidis; in spiritu quidem
tantum ut de sano fit insanus, sicut legitur de Horeste et de
95 Agaue que proprium filium, scilicet Pentheum, membratim
dilacerauit et ⟨sic⟩ de consimilibus. In presenti opere de
omnibus agit actor.
    Videamus autem ad quid agat. Offenderat enim Augustum
Cesarem per Artem Amatoriam. Vnde ad sui reconciliationem
100 per deificacionem Iulii Cesaris a se ostensam scribit ad
honorem Augusti de mutacionibus rerum vt uerisimile
uideatur Iulium in stellam mutari, quod est in fine presentis
operis ostensurus. Et hec est eius intencio.
    Subsequenter uidendum est qualiter agat. Agit enim
105 heroico metro, colligens mutaciones diuersas a prima

87-8   *alienam ... pellexeris:* cf. Servius *Comm. in Buc.* 8.99
94-6   *sicut ... dilacerauit:* the commentator illustrates psychological change
        through the myths of Orestes and Pentheus. Orestes was the son of
        Agamemnon and Clytemnestra; he avenged his father's death at the
        hands of Clytemnestra by killing his mother, and for this action was
        pursued and made mad by the Furies. The myth is treated in
        Aeschylus' *Oresteia* trilogy. Agave, inspired with madness by
        Dionysus, ripped apart her son Pentheus, whom she thought to be a
        young deer. Ovid treats the story in *Met.* 3.692-731; see also Euri-
        pides' tragedy *The Bacchae* for the fullest account of the myth.
98-9   *Offenderat ... Amatoriam:* in 8 A.D. Ovid was banished from Rome to
        Tomi at the order of the emperor Augustus. The cause for this ban-
        ishment remains a mystery, but Ovid informs us in his poetry from
        exile (*Trist.* 2.207 and 4.1.25-6) that there were two primary reasons:
        an unspecified *error* and a *carmen,* the *Ars amatoria,* whose
        immoral subject matter had earned for Ovid the wrath of the more
        conservative Augustus.
101-3   *vt uerisimile ... ostensurus:* the final transformation of the poem deals
        with Julius Caesar's supposed ascension to the heavens in the form
        of a comet. See *Met.* 15.843-51.

creacione mundi ad suum tempus, quod significat sua
inuocacio vbi dicit 'primaque ab origine mundi' etc. Phisicus
est actor iste assignando generacionem elementorum; ethicus
est in assignacione mutacionum que faciunt ad mores. Vtilitas
110 siquidem est magna, non actoris, set legencium, uidelicet
cognicio fabularum et earum exposicio quas compendiose
colligit actor iste in hoc opere. Vel utilitas est diuersorum
erudicio habita ex mutacione temporalium.

More uero aliorum poetarum primo proponit, secundo
115 inuocat, tercio narrat. Proponit vbi dicit 'in noua' etc.; inuocat
vbi dicit 'dii ceptis' etc.; narrat ubi subsequenter dicit 'ante
mare et terras' etc.

The Creation Myth: *Metamorphoses* 1.1-150

2rb 1 In noua fert animus mutatas dicere formas

    a. pro circa

    b. cupit, inpellit, portat me

    c. ad dicendum, uel *dicere* metrice describere

1

2rc   *in noua fert animus* id est deliberacio animi *fert* id est cupit
dicere id est metrice describere *formas mutatas in noua*
corpora ypallage, id est corpora mutata in nouas formas. Set
restat questio: dicitur enim quod res unius predicamenti non
5   potest mutari in rem alterius predicamenti, et ita nichil ualet
ypallage set ita dicamus: *animus* id est uoluntas mea *fert* id
est inpellit me *dicere* ad hoc ut dicam *formas mutatas in noua*
corpora id est circa noua corpora, sicuti habemus de Yo et de
Lycaone qui mutati fuerunt forma et non substancia. Et ita
10   forma, id est qualitas, mutata fuit citra substanciam. Et hec est
melior lictera.

2rb   ⟨*animus*⟩ Innuit quod ad hoc non fertur ex inferiori potencia
anime set a superiori, non ex sensualitate set ex racione, cum
dicit *animus*.

1rb   Vel aliter: *animus* id est discrecio mentis mee *fert* id est portat
me ad hoc *dicere* vt dicam, et fiat per ypallagen: *corpora*
noua id est nouata *in formas mutatas* id est per formas
mutatas. Et ita fit quedem figura que uocatur protheseos
paralauge quando preposicio ponitur pro preposicione, sicuti
20   habemus 'in' pro 'circa.' Et hec similiter lictera est optima.

in braestel

1/3   *ypallage:* CL *hypallage,* a type of metonymy whereby one
grammatical form is substituted for another.

/4-5   *dicitur ... alterius predicamenti:* I have not discovered the source for
this statement. *Predicamentum* originally meant 'sermon' but later
came to designate one of the ten categories of Aristotle. Cf. J. F.
Niermeyer, *Mediae Latinitatis lexicon minus* (Leiden 1976) p.
830. The classic account of the categories in Aristotle is contained
in his *Categories.*

/8   *noua corpora:* the point is that one is transformed only in
relationship to bodily shape and not in terms of one's essence.

/8-9   *Yo ... Lycaone:* the stories of Io (*Met.* 1.568-747) and Lycaon (*Met.*
1.163-243) both concern individuals who, while changed in
shape, retain their former psychological makeup.

/11   *lictera:* CL *littera*

/16   *fiat per ypallagen:* 'and let this be done by hypallage' (see note to 1.3
above)

/18-19   *protheseos paralauge:* Greek προθέσεως παραλλαγή, the
substitution of one preposition for another

      a   b   c

2rb 1 In noua fert animus mutatas dicere formas

    a. pro circa

    b. cupit, inpellit, portat me

    c. ad dicendum, uel *dicere* metrice describere

          a   b   c   d   e

  2 corpora; dii, ceptis (nam uos mutastis et illas)

    a. et bene uos inuoco

    b. *nam* pro quia

    c. locus a maiori

    d. id est etiam

    e. formas

  a   b

  3 asspirate meis primaque ab origine mundi

    a. id est fauete

    b. disposicione, a principali constitucione

2   (gloss c) *locus a maiori:* this gloss is derived from the earlier glosses of
       Arnulf of Orléans: 'NAM VOS MVTASTIS uosmetipsos ET ILLAS
       formas, ut iupiter in taurum etc. Ostendit quod sibi possint fauere, quia
       frustra petisset auxilium ab eis nisi ipsi possint fauere. Vel formas
       potuerunt mutare, ergo potuerunt prodesse tractanti de rebus mutatis.
       argumentum a maiori parte' (*Comm. in Ov.* fol. 29va). The *locus* or
       argumentum a maiori parte is a false type of proof whereby an
       assertion, based on some one part or a majority of individuals but not
       necessarily applicable to all, is referred to all. Cf. ps.-Cicero *Rhet. ad
       Her.* 2.20.32.

Videtur enim corpus innouari per inpressionem noue forme.
Vel aliter: *animus fert* id est cupit *dicere* metrice describere
formas mutatas in nova corpora id est in nouis corporibus. Et
est antitosis quando casus ponitur pro casu, sicuti habemus in
25 evvangelio: 'et sermonem quem audistis non est meus,'
sermonem id est pro sermo. Et ita debet resolui et idem est
sensus qui est ibi. *Animus fert* id est cupit *dicere formas*
mutatas in noua corpora id est circa noua corpora. Et hoc
uobis sufficiat. Attendamus autem differenciam que est inter
30 animum, et animam, et mentem. Anima autem uiuificat,
animus uult, mens discernit, set unum ponitur pro alio.

2

2rc ⟨*nam uos mutastis et illas*⟩ vel *nam uos mutastis in illas* sicut
Iupiter in taurum se mutauit ut Europam transfretaret. Vnde
illud:

Ille pater rectorque deum, cui dextra trisulcis
5 ignibus armata est, qui nutu concutit orbem,
    induitur faciem tauri mixtusque iuuencis
    mugit.

3

1rb ⟨*aspirate*⟩ Facta proposicione, cum ipse indigeat auxilio
deorum, inuocat deos iuxta illud Horacii:

Nec deus intersit nisi digno uindice nodus
inciderit.
5 Dicit ergo Ouidius *dii aspirate* id est fauete *meis ceptis.*
2ra *aspirate* id est fauete. Methaphora tracta est a nautis qui
dicunt uentum sibi fauere quando leuiter flat et aspirat. Et
debetis fauere *nam uos* etc.

1/24   *antitosis:* CL *antiptosis,* the changing of one case for another (in
        grammar)
/24   *in evvangelio:* cf. Io 14:24.
/30-1   *Anima ... discernit:* cf. Isidore *Etym.* 11.1.11-12; Eberhard *Graec.*
        12.1-3.
2/2-3   *Vnde illud:* Ovid *Met.* 2.848-51
3/2   *illud Horacii: A.P.* 191-2

>   a   b
> 3 asspirate meis primaque ab origine mundi

    a. id est fauete

    b. disposicione, a principali constitucione

>   a   b   c   d
> 4 ad mea perpetuum deducite tempora carmen.

    a. usque

    b. continuum

    c. deduci et continuari concedite

    d. meum

>   a   b
> 5 Ante mare et terras et, quod tegit omnia, celum

    a. id est antequam esset mare et antequam essent terre

    b. sibi subdita

3-4

2ra *primaque ab origine mundi / ad mea perpetuum deducite*
tempora carmen et deducite *ad* id est usque ad mea tempora,
quasi diceret: faueatis michi ut ego continue et seriatim
possim in carmine describere omnes mutaciones illas et
5 omnes res que facte fuerunt a prima mundi creacione usque
ad meum tempus. Et hoc est quod intendit dicere. Videamus
autem differenciam que est inter perpetuum, et sempiternum,
et eternum. Eternum est illud quod non habuit principium nec
finem habebit, utpote deus. Sempiternum est illud quod habuit
10 principium nec habebit finem, sicut anima ⟨et⟩ angelus.
Perpetuum est illud quod habuit principium et habebit finem,
sicut mundus.

5

1v *ante mare* etc. Postquam expedeuit se actor a proposicione et
inuocacione, accedit ad narracionem. Set ad maiorem
euidenciam subsequencium quedam uideamus que ualde sunt
utilia. Bartholomeus autem dicit ita de yle: 'yle est globus
5 informis, sine loco, sine tempore, sine quantitate, sine
qualitate, inter aliquam et nullam substanciam.' Sine loco
dicit non quia non haberet locum, set quia omnem locum
occupabat; sine tempore secundum Aristotilem qui dicit:
'tempus est primum mobile.' Primum mobile est
10 firmamentum. Adhuc enim non erat firmamentum et ita yle
erat sine tempore secundum Aristotilem. Sine qualitate non
quia non haberet qualitatem, set quia materiam omnium
qualitatum habebat in se inuolutam et inplicatam; sine
quantitate non quia non haberet quantitatem, set quia omnem
15 quantitatem excedebat et mensuram, sicut dicimus de homine
maxime stature: 'iste homo humanam mensuram excedit.'

3-4/8-12   *Eternum ... mundus:* I have not found a precise source for this
passage, but it should be noted that Balbus' *Catholicon,* a work
completed in 1286, provides a similar definition s.v. 'Eternus.'

5/4   *yle* (more properly *hyle*): primordial matter, sometimes designated by
the term *silua.* Cf. Isidore *Etym.* 13.3.1. The quotation is from *De*
prop. rer. 8 (p. 369 of the 1601 ed.).

/8   *secundum Aristotilem:* cf. *Phys.* 219a.

　　a　　　　　　　　　　　b
5　Ante mare et terras et, quod tegit omnia, celum

　　a.　id est antequam esset mare et antequam essent terre
　　b.　sibi subdita

　　a　　　　　b
6　vnus erat toto nature uultus in orbe,

　　a.　una noticia
　　b.　in illo toto quod nunc est orbis set tunc non erat orbis

Inter aliquam substanciam dicit habens respectum ad hoc
quod subsequtum est. Nullam dicit quia adhuc nulla
substancia erat quia omnes in ipsa[m] yle inuolute erant, sicut
20 dicitur de primo homine, de Adam scilicet: 'Adam erat inter
aliquam et nullam substanciam.' Inter aliquam dicit   *substere*
respiciens ad homines qui subsequti sunt; inter nullam dicit
quia nullus homo adhuc erat preter ipsum. Et hoc uiso
licteram uideamus: *ante mare* etc.

6

1v unus erat uultus vna uoluntas nature. Natura esse uolebat
unum tantummodo secundum confusionem; modo non habet
unum uelle natura quia aliud uult in bruto, aliud in homine.
Vel uoluntas quod uult magister Bernardus dicens:
5   Turbida temperiem, formam rudis, hyspida cultum,
               optat et a ueteri cupiens exire tumultu
             artifices numero⟨s⟩ et musica uincla requirit.
Vel *unus uultus* id est vna noticia, quia qui noscebat unum,
noscebat omnia, modo non est sic. Vel *unus uultus* id est
10 confusio nature.

vultus hic means voluntas (incorrectly)

6/4   *Bernardus dicens:* Bernard Silvester *Cosm.* 1.20-22

```
     a          b
6  vnus erat toto nature uultus in orbe,
```

   a. una noticia
   b. in illo toto quod nunc est orbis set tunc non erat orbis

```
   a     b     c        d            e
7  quem dixere chaos, rudis indigestaque moles,
```

   a. uultum
   b. philosophi
   c. id est confusionem
   d. sine forma
   e. erat

6-7

2rc *v̄nus uultus nature* id est una uoluntas nature naturantis,
scilicet dei. Duplex est enim natura: natura naturans et natura
naturata. Natura naturans est ipse deus; natura naturata est
quedam uis rebus insita ex similibus procreans similia, sicut
5 de uacca creatur taurus et huiusmodi. *Erat in toto orbe* id est
circa globum illum de quo elicita fuerunt quatuor elementa
que dicuntur antonomasice mundus uel orbis. *Erat* inquam
ante mare id est antequam esset mare et *ante terras* id est
antequam essent terre. Et ne posset fieri obieccio quare pocius
10 terras posuit quam terram, sicut posuit mare et non maria, ad
hoc soluendum dicendum est quod tres principales terre sunt,
scilicet Europa, Asya, et Affrica, vnum autem mare principale
est, scilicet occeanus. Nam [autem] alia maria ab occeano
ortum habent et hec est solucio. *Et ante celum* id est antequam
15 esset celum *quod tegit omnia* id est sub se contenta. Et ita
debemus intelligere. *Vultus* id est uoluntas. Vultus enim
dicitur a uolo, uis, vnde quidam: 'uultu talis eris, qualia mente
geris.' Et Iuuenalis:
        Deprendas animi tormenta latentis et egro
20   corpore deprendas et gaudia.
Et illud:
        Format enim natura prius nos intus ad omnem
        fortunarum habitum, iuuat aut inpellit ad iram.

6-7/3-4 *Natura ... similia:* Balbus *Cath.* s.v. 'Natura' provides a parallel for
            this definition.
   /7   *antonomasice* (more properly *antonomastice*): *antonomasia* is
            defined by the *OLD* as the use of an epithet, appelative, etc., as a
            substitute for a proper name.
   /15   *contenta:* past part. of *contineo,* 'included, contained beneath it'
   /17-18 *Vultus ... uolo, uis:* Balbus *Cath.* s.v. 'Vultus' provides a parallel for
            this etymology. The commentator normally cites verbs by the
            forms of the first and second person.
   /17   *vnde quidam:* Walther, *Proverbia* no. 34258.
   /18   *Et Iuuenalis: Sat.* 9.18-19
   /21   *Et illud:* Horace *A.P.* 108-9

   a   b
6 vnus erat toto nature uultus in orbe,

   a. una noticia
   b. in illo toto quod nunc est orbis set tunc non erat orbis

   a   b   c   d   e
7 quem dixere chaos, rudis indigestaque moles,

   a. uultum
   b. philosophi
   c. id est confusionem
   d. sine forma
   e. erat

        a   b·   c   d
8 nec quicquam nisi pondus inhers congestaque eodem

   a. erat
   b. res ponderosa
   c. sine arte
   d. pondere uel loco

        a   b
9 nec bene iunctarum discordia semina rerum.

   a. sicut modo sunt
   b. elementorum

8   *inhers: sine arte* (gloss c) is a traditional interpretation of the meaning of
      the word; see Isidore *Etym.* 10.141 and Servius *Comm. in Georg.* 4.25.
      A complete history of the development of this meaning with numerous
      citations is provided in the *TLL.*

Vel aliter: *vnus uultus* id est aceruus uniformiter uultuatus
25 *nature* id est rerum naturalium *erat in toto orbe* id est in tota
materia illa de qua totus factus est orbis. *Erat* inquam *ante*
mare etc. *Quem dixere chaos* quem uultum uel aceruum
phillosophi *dixere* appellauere *chaos* id est confusionem. Vel
quam scilicet quam uoluntatem dei *rudis* sine artificio
30 *indigesta* inordinata et sine cultu. Vel aliter: *uultus* dico *rudis*
que pro quia *erat moles indigesta* et quicquid non erat in uultu
illo. Vel *uultus ille nec quidquam* id est aliquid *nisi pondus*
inhers id est res ponderosa, quia omnem quantitatem
excedebat. Vel *inhers* sine artificio *semina rerum* id est
35 materia elementorum. *Semina* dico *discordia* non quia ibi
esset discordia, set respicit ad hoc quod elementa postea
consequta sunt diuersas qualitates. *Rerum* dico *non bene*
iunctarum sicut modo. Vel *semina rerum* id est elementa que
sunt rerum semina. Omnia enim a quatuor elementis originem
40 sorciuntur. *Rerum* dico *non bene iunctarum* hoc dicit propter
elementa non bene iuncta. *Congesta* coadunata et intricata in
eodem globo uel loco.

Vultus boe uz brown ledge

8
No marginal commentary.

9
No marginal commentary.

6-7/24   *aceruus uniformiter uultuatus:* possibly here 'a mass uniformly
             shaped,' although I cannot find such a meaning for *uultuatus*
             attested in the standard dictionaries and lexicons. Du Cange
             associates the verb *vultuare* with the noun *vultivoli:* 'qui ad
             affectus hominum immutandos, in molliori materia, cera forte vel
             limo (*lima* Du Cange), eorum, quos pervertere nituntur, effigies
             exprimunt.'
     /28-9   *Vel quam:* an unusual variant unattested in the critical editions of
             the *Metamorphoses*
     /39-40 *Omnia ... sorciuntur:* cf. Macrobius *Comm. in Somn.* 1.6.36.

a
10 Nullus adhuc Titan prebebat lumina mundo,

   a. pro non

      a   b   c
11 nec noua crescendo reparabat cornua Phebe,

   a. sua
   b. reformabat
   c. luna enim crescit et decrescit

               a
12 nec circumfuso pendebat in aere tellus

   a. in pendulo non erat

        a   b
13 ponderibus librata suis, nec brachia longo

   a. libratorie sustentata
   b. extenciones

  a   b   c
14 margine terrarum porrexerat Amphitrites.

   a. extremitate
   b. uersus est spondaicus
   c. magnum mare

---

14   (gloss b) *uersus est spondaicus:* the regular dactylic hexameter consists of
      a dactyl (–ᴗᴗ) in the fifth foot. Ovid here uses a spondee (– –) in the fifth
      foot for special effect. Such verses are usually labelled spondaic.

10

1v *nullus adhuc Titan. Nullus Tytan* nullus de genere Tytanum,
scilicet nec sol nec luna ducebat adhuc lumen orbi. *Nullus*
— secundum phillosophos qui dicebant cotidie nouum solem
exoriri. Dicebant enim solem constare ex athomis et uespere
5 resolui in athomos. Vel secundum alios qui dicebant duos
esse, vnum orientalem, alium occidentalem. Vel *nullus* pro
non secundum Therencium ⟨qui⟩ dicit: 'nullus sum, perii.'

11

No marginal commentary.

12

2ra *nec circumfuso* nam undique equipensatur terra ut eque aer
interfusus sit ⟨in⟩ ea. Vnde dicit *librata*. Sicut enim que in
libra pensantur equalitate sui ponderis sustentantur, sic et terra
ab aere sustentatur equali sui ponderositate. Nam si in aliqua
5 parte sui magis grauaretur quam in alia, tytubaret.

13

2ra *brachia* uocat duos refluxus occeani ab oriente et duos ab
occidente, quorum duo conueniunt sub archoo polo, reliqui
duo sub antartico. E quorum collisionibus fit illa crebra et
famosa occeani accessio.

14

No marginal commentary.

10/4-5   *Dicebant ... athomos:* cf. Isidore *Etym.* 8.11.54; Vat. Myth. III.8.4
provides similar information.

/5-6   *Vel ... occidentalem:* I have not found the source for this statement.

/7   *secundum Therencium:* Terence *Hecyra* 319, 653. This gloss is also
found in Salzburg a.V.4, fol. 7v: 'uel nullus pro non dicit
secundum terentium qui dicit nullus sum pro non sum.'

13/2   *archoo:* an unusual spelling for the more standard CL *arctous,*
'arctic, belonging to the north'

/3-4   *E quorum ... accessio:* Macrobius *Comm. in Somn.* 2.9.3

whore

```
         a              b           c        d
```
15 Quaque erat et tellus illic et pontus et aer,

    a. ea parte
    b. materia telluris
    c. materia ponti
    d. materia aeris

```
     a            b               c
```
16 sic erat instabilis tellus, innabilis vnda,

    a. in illa confusione
    b. ut homo ibi staret
    c. erat

```
     a         b     c     d
```
17 lucis egens aer: nulli sua forma manebat,

    a. claritatis
    b. erat
    c. elementorum
    d. propria que modo est eis data

```
                a        b              c
```
18 obstabatque aliis aliud, quia corpore in uno

    a. elementis
    b. elementum
    c. in una congerie uel massa

```
     a                b              c        d
```
19 frigida pugnabant calidis, humencia siccis,

    a. ut terra et aqua
    b. cum aere et igne
    c. aer et aqua
    d. cum terra et igne

```
     a            b            c               d
```
20 mollia cum duris, sine pondere habencia pondus.

    a. aer et ignis
    b. cum terra et aqua
    c. cum hiis que erant scilicet aere et igne
    d. terra et aqua

15

1v *quaque et erat tellus, illic* hic est polisinteton, pluralitas copu-
lacionum. Cum enim habundant coniunctiones copulatiue,
polisinteton est. Sufficeret enim una. Absinteton figura est
contraria que fit quando defficiunt copulatiue coniunctiones.

16

2ra *sic erat* id est sicut omnia permixta erant, sic et unde est quod
sua proprietate careba⟨n⟩t. Et hoc est *sic erat* etc. quia tellus
erat inhabitabilis etc. Vel hec est lictera: *vt queque erat* ita,   *interlate*
inquam, coniuncta erant in illa parte uel in illa congerie in qua
5 erat *tellus* etc.

17

No marginal commentary.

18

No marginal commentary.

19

No marginal commentary.

20

1v *mollia cum duris. Mollia* ignis et aer *cum duris* cum aqua et terra,
que dura dicuntur quia durantur in grandinem et glaciem, et aqua
transit in terram, sicut ipse dicit in ultimo per Pitagoram ⟨'tellus
glomerata cogitur unda,' uel⟩ quia unda cauat lapidem.

15/1   *et erat:* more properly *erat et*
    polisinteton: CL *polysyndeton,* a rhetorical figure in which the orator
    employs an overabundance of prepositions
/3   *Absinteton:* CL *asyndeton,* the absence or lack of conjunctions
    between nouns
16/3   *inhabitabilis:* the MSS of the *Metamorphoses* transmit *instabilis.*
    lictera: CL *littera*
20/1-4   *aqua ... lapidem:* cf. Arnulf *Comm. in Ov.* fol. 29vb: 'cum duris terra
    et aqua que dura dicitur quia induratur in grandinem et in glaciem,
    uel quia transit in terram sicut dicit in ultimo per pytagoram "tellus
    glomerata cogitur unda," uel quia cauat lapidem.'
/3   *ipse dicit:* Ovid *Met.* 15.251
/4   *unda cauat lapidem:* cf. *Met.* 15.266-7.

a   b   c
21 Hanc deus et melior litem natura diremit;

   a. hec sic discordancia
   b. id est natura creans que melior est
   c. diuisit

a   b   c   d
22 nam celo terras et terris abscidit undas

   a. et uere diuisit
   b. a
   c. a
   d. extraxit et diuisit

a   b   c   thick
23 et liquidum spisso secreuit ab aere celum.

   a. subtile
   b. respectv celi
   c. diuisit

a   b   c
24 Que postquam euoluit cecoque exemit aceruo,

   a. supradicta
   b. extra uolucionem illam posuit que prius erant inuoluta
   c. a chao

a   b   c
25 dissociata locis concordi pace ligauit.
   a. disiuncta *in four places by a concealed peace*
   b. secundum loca
   c. aurea cathena

25   (gloss c) *aurea cathena:* the commentator makes reference to Macrobius'
theory of the golden chain that binds the four elements; cf. Macrobius
Comm. in Somn. 1.14.15. The idea is developed more fully in the
marginal commentary to line 25.

21

2rc *melior natura* id est efficacior et operosior. Vel *melior natura*
elementorum que adhuc laborabant ut ⟨se⟩pararentur. Vel
melior natura id est magis faciens quam anima. Vel *melior* id
est meliorans. Vel *melior* quam prius.

22
No marginal commentary.

23
No marginal commentary.

24

2ra *ceco* ab effectu quia obcecat intelligentem. Sicut enim
uidendo tenebras, nichil uidemus, audiendo silentium, nichil
audimus, sic intelligendo ylen, nichil intelligimus.
1v Vel *ceco* id est confuso, quia cecitas maximam facit
5 confusionem in homine. Vel *ceco* id est indiscreto et
obcecante. Vel *ceco* confuso iterum, quia tenebre ferebantur
super faciem abissi.

25

1v *concordi* epiteton est pacis quod sit concors per copulam
scilicet ipsius numeri quam habuit deus exemplar rebus
creandis. Vnde Boecius: 'qui numeris elementa ligas.'
concordi quia licet discrepent in sui natura, tamen in rebus
5 creandis conueniunt. Vel pax ista que concordiam tulit
consideratur in qualitatibus: uel in equo pondere, uel in

21/2   ⟨*se*⟩*pararentur: pararentur* S. Salzburg a.V.4, fol. 8r (s. XII),
        transmits the line as follows: 'uel melior natura ipsorum
        elementorum ad hoc librabat ut separarentur.'
24/1-3 *Sicut ... intelligimus:* Calcidius *Comm. in Tim.* 345
   /4-5 *cecitas ... homine:* cf. 2 Mach 10:30.
   /6-7 *tenebre ... abissi:* Gen 1:2
25/1   *epiteton:* an epithet, a word or phrase used as an ornament or to call
        attention to a particular quality.
   /3   *Vnde Boecius: De cons. phil.* 3.9.10

    a   b   c
25 dissociata locis concordi pace ligauit.

    a. disiuncta

    b. secundum loca

    c. aurea cathena

    a   b
26 Ignea conuexi uis et sine pondere celi

    a. ignee nature est

    b. equaliter curuati

25   (gloss c) *aurea cathena:* the commentator makes reference to Macrobius'
       theory of the golden chain that binds the four elements; cf. Macrobius
       Comm. in Somn. 1.14.15. The idea is developed more fully in the
       marginal commentary to line 25 (see facing page).

distanti⟨a⟩. Diuerse sunt qualitates quibus duo extrema, ignis
et terra (uel aqua), ligantur per media, id est aquam et aerem
(uel aqua per terram secundum quosdam), participando cum
10 eisdem qualitatibus: in equo pondere ut quanto aqua superet
terram, in tanto superetur ab aere et ignis superet aera; in
distancia uero ut equis in distanciis a se inuicem distent. Vel
pace concordi id est aurea cathena secundum Macrobium.
concordi pace quibusdam proporcionibus quibus se ⟨habent⟩
15 calida ad frigida et econtrario, et humida ad sicca et
econtrario. Dicit enim Macrobius quod terra habet duas
proprietates. Est enim frigida et sicca, aqua frigida et humida,
aer humidus et calidus, ignis calidus et siccus. Terra et ignis in
siccitate conueniunt, terra et aqua in frigiditate, aqua et aer
20 ⟨in⟩ humiditate, aer et ignis in calore. Hanc elementorum
ligaturam appellat Macrobius auream cathenam.

26

2rc *ignea uis* Ita coniuncta sunt elementa, set quam in diuersis
locis et quare est exequitur dicens: *ignea uis celi conuexi*
equaliter curuati. Conuexum est et concauum et rotundum.
Ignea uis dicit quia uiolencius est elementis ⟨aliis⟩.

25/7-8   *Diuerse ... aerem:* Macrobius *Comm. in Somn.* 1.6.24; Calcidius
Comm. in Tim. 32B

/10-11   *in equo ... aera:* see the marginal commentary to line 52, where the
weight of each element is treated more fully.

/13   *secundum Macrobium: Comm. in Somn.* 1.14.15

/16   *Dicit enim Macrobius: Comm. in Somn.* 1.6.26-8. Arnulf *Comm. in
Ov.* fol. 29vb is a possible source for this gloss: 'Dicit enim
Macrobius quod terra duas habet proprietates. Est enim frigida et
sicca, aqua frigida et humida, aer humidus et calidus, ignis calidus
et siccus. Terra ergo et ignis in siccitate conueniunt, terra uero et
aqua in frigiditate, aer et aqua in humiditate, aer et ignis in calore.
Hanc elementorum ligaturam uocat Macrobius auream catenam.'

/21   *appellat Macrobius: Comm. in Somn.* 1.14.15

    a   b   c
27 emicuit summaque locum sibi legit in arce;

    a. in altum et extra saliit
    b. mansionem
    c. e

    a
28 proximus est aer illi leuitate locoque,

    a. quia leuius est elementum post ignem, ideo iuxta illum
       positus est

    a   b   c
29 densior hiis tellus elementaque grandia traxit

    a. ponderosior, minus leuis
    b. est
    c. ad se

    a   b   c   d   e
30 et pressa est grauitate sui; circumfluus humor

    a. de
    b. per
    c. quia grauitas est causa depressionis
    d. circum terram fluens
    e. id est mare

27   (gloss c) *e* (= *elegit*): the commentator signals that the simple verb *legere* may stand for the compound *eligere*.

30   (gloss a) *de* (= *depressa*): here the commentator signals that the simple verb *premere* does service for the compound *deprimere*.
    (gloss b) *per* (= *per grauitatem*): the commentator explains the ablative of means, 'by, through gravity.'

27
No marginal commentary.

28
No marginal commentary.

29
2rc *elementa grandia* id est grandes elementorum partes terre,
scilicet et montes et siluas et lapides, que secundario elementa
sunt. Vel *grandia elementa* id est grandem numerum
elementi. Vel *grandia elementa* id est elementata, id est celum
5 et aquam, que propter participacionem proprietatum et
ponderis equalitatem ei est continuata. Est autem elementum
corpus sub lunari globo positum duabus qualitatibus
contemptum.
1v Elementum est corpus sub lunari globo positum duabus
10 qualitatibus contentum uel conceptum. Concipiens numquam
dicitur ratio diuina set conceptum iunctis tribuit formam
elementis.

30
No marginal commentary.

29/4   *elementata:* SXV all read thus (*elēa*). The commentator follows the
           teaching of William of Conches, who in *Phil.* 1.21 distinguishes
           between the terms *elementa* and *elementata:* 'Si ergo illis digna
           velimus imponere nomina, particulas predictas dicamus
           "elementa", ista quatuor que videntur, "elementata".' For a fuller
           discussion of these two terms see T. Silverstein, '*Elementatum:* Its
           Appearance among the Twelfth-Century Cosmogonists,'
           Mediaeval Studies 16 (1954) 156-62; and Stock, *Myth and
           Science,* esp. p. 270.
   /5-6   *propter ... continuata:* Ovid *Fasti* 5.13 similarly describes the settling
           of the elements: 'pondere terra suo subsedit et aequora traxit.'
   /6   *ei:* i.e. *telluri.* See the marginal commentary to line 25, which may
           help to explicate this difficult passage.
   /7   *contemptum = contentum,* 'linked, joined together'
   /10-12 *Concipiens ... elementis:* I have not found the source for this
           statement.

<pre>
     a   b   c
31 vltima possedit solidumque cohercuit orbem.
</pre>

    a. loca

    b. citra tenuit

    c. terram orbiculatam

<pre>
        a   b
32 Sic ubi dispositam, quisquis fuit ille deorum,
</pre>

    a. ordinatam

    b. non audebat hoc Ioui attribuere sciens unum deum uerum esse

31   (gloss b) *citra tenuit:* '(the water) held in, kept this side of'

31

2ra *possedit ultima* non quod ultimum sit elementum set quantum
ad humanam opinionem. Mare enim multum alcius est terra
sed non superfunditur. Verbi gracia: sumas uas plenum aqua
et filum superducas; in medio uergetur filum. Rotunda est
5 autem terra et ideo altior uidetur. Vel *ultima* dicit quia ultima,
id est marginem terre, circumdat.

2rc *orbem* id est terram que spericum corpus est et unum pendet
ex altero, quia enim *cohercuit,* id est solidauit. Nisi enim aqua
solidaretur, terra in puluerem fortasse resolueretur.

32

2rc *sic ubi* Postquam singulis elementis locum dedit, eorundem
uarietatem, facto epilogo, describit dicens *sic* etc. Per hoc
quod dicit *quisquis* etc. videtur quod de Christo aliquid in
animo senciebat.

1v *sic ubi dispositam* etc. Postquam egit actor de situ
elementorum, agit de ornatu eorum. Per hoc quod dicit
quisquis innuit actor quod non fuit ille deus Mars, neque
Venus, neque alius deorum. Attendamus ergo quod una est
causa omnium rerum et vnus est a quo omnia sunt, tamen
10 actor non audens dicere, propter hoc dicit sub dubio. Non
audebat enim hoc attribuere Ioui sciens unum esse deum cui

31/3   *sed non:* this reading is provided by the correcting hand in V (V²).
All other MSS of the 'Vulgate' read *que tamen:* 'for the sea is
much higher than the earth, which nevertheless is poured out'
(understand 'over the sea'). The marginal commentary to line 95
specifically mentions that the sea is lower than the land.

/3-5   *Verbi gratia ... uidetur:* cf. Salzburg a.V.4, fol. 8v: 'Terra enim
rotunda est et ideo altior uidetur esse aqua. Verbi gracia: Si uas est
plenum de aqua et filum super ducitur (*duentur* MS) in medio
filum uerget.'

/5-6   *Vel ... circumdat:* cf. Arnulf *Comm. in Ov.* fol. 29vb: '*ultima* quia non
sit ultimum de elementis sed quia *ultima* id est marginem terre
circumdedit.'

/8-9   *Nisi ... resolueretur:* 'For if the land were not made solid by water, it
would probably dissolve into dust.'

32/8-9   *una ... omnia sunt:* cf. 1 Cor 8:6

 a   b
32   Sic ubi dispositam, quisquis fuit ille deorum,

   a. ordinatam
   b. non audebat hoc Ioui attribuere sciens unum deum uerum esse

 a   b
33   congeriem secuit sectamque in membra redegit,

   a. massam
   b. diuisit

 a   b
34   principio terram, ne non equalis ab omni

   a. in
   b. vt

                 a   b
35   parte foret, magni speciem glomerauit in orbis.

   a. spericam formam ei dedit
   b. id est firmamenti uel rotunditatis

              a
36   Tum freta diffudit rapidisque tumescere uentis

   a. circa terram

            a   b
37   iussit et ambite circumdare litora terre.

   a. a mari
   b. horas uel extremitates

non audebant gentiles ullum simulacrum facere nec ei nomen
inponere, et ideo eum appellabant ignotum; aram cuius aput
Athenas Dionisius Ariopagita ostendit sancto Paulo dicens:
15 'hec est ara dei ignoti.' Cui Paulus: 'quem ignotum uocas,
solus ille notus est et incepit notus in Iudea deus.' Et tunc ad
fidem Dyonisius est conuersus.

33

2rc *in membra* id est diuersitatem. Vbi enim sunt membra, ibi et
diuersitas, quia si nec diuersitas, nec membra. Vel *in membra*
id est in quatuor partes, scilicet elementa.

34

No marginal commentary.

35

2rc *in speciem magni orbis* id est in similitudinem magni celi, qui
magnus orbis dicitur qui⟨a⟩ in se alia continet elementa.

36

2ra *tum:* propter hoc quod ⟨terra⟩ erat glomerata, in ea freta
diuisit.

37

2ra *ambite* id est ambiende quia adhuc non erat ambita.
2rc ⟨*ambite*⟩ Omnia uerba composita a queo uel ab eo corripiunt
penultimam in supino preter ambio.
circumdare non ad uentos set ad mare referendum est.
5 *lacus* id est profundas aquas. [Vel] lacus proprie sunt aque
coadunate in uisceribus terre.

32/14   *Dionisius:* Dionysius the Areopagite, an Athenian converted by
          St. Paul, whose story is told in Act 17:22-54. During the Middle
          Ages he was often confused in popular belief with St. Denis,
          apostle to the Gauls, first bishop of Paris and patron saint of
          France, martyred by decapitation at Paris in the 3rd century.
          Arnulf *Comm. in Ov.* fols. 29vb-30ra is the probable source for
          this comment.
37/2-3   *Omnia ... ambio:* Eberhard *Graec.* 18.38-9.

         a   b   c

38　Addidit et fontes et stagna inmensa lacusque

   a.　a fundo, fundis

   b.　stantes aquas

   c.　in superficie terrarum

  a   b

39　fluminaque obliquis cinxit decliuia ripis,

   a.　a fluo, is

   b.　propter ripas non rectas

  a   b   c   d

40　que, diuersa locis, partim sorbentur ab ipsa,

   a.　flumina

   b.　in

   c.　in parte

   d.　ut Alpheus et Aretusa

      a   b   c

2*vb* 41　in mare perueniunt partim campoque recepta

   a.　uel per se et non per alios fluuios

   b.　capacitate

   c.　flumina scilicet

  a   b

42　liberioris aque pro ripis litora pulsant.

   a.　liberiorem meatum habentis

   b.　maris

40　　(gloss d) *Alpheus et Aretusa:* the story of Alpheus and Arethusa is
narrated by Ovid in *Met.* 5.572-641. Arethusa was a nymph pursued
by the river god Alpheus; she was transformed into a river and her
waters were mixed with those of Alpheus. The commentator here
alludes specifically to *Met.* 5.639-40, where Arethusa mentions that
she reemerges in Ortygia after following an underground course.

38
No marginal commentary.

39
No marginal commentary.

40
No marginal commentary.

41
2vc *in mare perueniunt partim* uel per se uel per alios ⟨fluuios⟩, et
ita *recepta in campo liberioris aque* id est maris. Vnde
quidam dicunt quod lictora sunt maris, ripe fluuiorum, margo
foncium. Vnde uersus:
5   Margo tenet fontes, mare littus, ripa fluentum.
Mare dictum est quasi amarum. Cum mare sit omnium
aquarum receptaculum, tamen nunquam redundat quia per
occultos meatus ad suos alueos redeunt ut inde fluant. Vnde
Virgilius:
10   Omnia sub magna labencia flumina terra.
Lucanus:
      Ac Tigrim subito tellus absorbet hyatu.

42
2vc *liberioris* Liberior enim est aqua in mari quam in alueis
fluminum strictorum.

41/2-4   *Vnde ... foncium:* cf. Eberhard *Graec.* 12.311.
   /4   *Vnde uersus:* I have not found the source for this verse. *Fluentum* is
      attested in Latham.
   /6   *Mare ... amarum:* Isidore *Etym.* 13.14.1; Eberhard *Graec.* 12.67
   /6-8   *Cum ... fluant:* Eccl. 1:7; Isidore *Etym.* 13.14.3
   /8-9   *Vnde Virgilius: Georg.* 4.366
   /11   *Lucanus: Bell. civ.* 3.261
42/1-2   *Liberior ... strictorum:* cf. Arnulf *Comm. in Ov.* fol. 30ra: '*liberioris
      aque* quia liberior est aqua in mari quam in alueis fluminum
      strictorum.'

a   b   c
43 Iussit et extendi campos, subsidere ualles,

  a. et ille deus
  b. extensos et latos fieri
  c. terre dimissiones

a   b   c   d
44 fronde tegi siluas, lapidosos surgere montes;

  a. iussit
  b. quia
  c. eleuari
  d. iussit

a   b   c   d
45 vtque due celum dextra totidemque sinistra

  a. pro quod uel sicut. si pro quod, repetatur iussit
  b. id est aera
  c. ab austro
  d. a parte septentrionis

45   (gloss a) *pro quod uel sicut:* the commentator attempts to explain the
      relationship of *vtque* in two ways: either it stands for *sicut* or for *quod;*
      if for *quod* (*si pro quod*), then the verb *iussit* must be repeated
      (*repetatur iussit*).

43

2vc *extendi campos* Plana enim loca uidentur extendi, set in locis
concauis et in uallibus uidentur inplicari.

44

No marginal commentary.

45

2vab *utque due dextra* Descript[i]o transitv terre, eius describit
temperiem quam de celi temperie concipit. Notandum est
autem quod uoluit deus quinque zonas esse in aere, quarum
media est ardencior. Totidem uero zonas uoluit deus esse in
5 terra, duas in dextra, alias duas in sinistra, quintam in medio.
Quatuor uero illarum dicuntur habitabiles: due dicuntur
habitabiles actu et possibilitate, scilicet una a dextra, reliqua a
sinistra; alie enim possibilitate tantum, quia de actu nescimus.
Media uero dicitur inhabitabilis propter nimium calorem. Due
10 uero que tantum possibilitate sunt habitabiles frigidissime
dicuntur; relique due, que possibilitate et actu habitabiles
sunt, dicuntur temperate quia ex nimio calore medie zone, que
propter nimium calorem solis inhabitabilis est, et ex
frigiditate reliquarum duarum, que possibilitate habitabiles
15 sunt et dicuntur frigidissime, ille due habitabiles actu et
possibilitate temperate esse dicuntur et ideo habitabiles. Set
2va hic debet notari quod sol superpositus est recto dyametro
superficiei terre, et dicitur esse maior nouies terra. Terra enim
minima est respectv solis. Queri potest quare media zona sit
20 inhabitabilis propter nimium calorem solis et due frigidissime
dicantur et sol, qui nouies est maior terra, tanti caloris sit
debet etiam frigidissimas zonas comburere. Ad hoc potest
assignari talis similitudo: terra est rotunda et sol similiter. Et
omne corpus rotundum magis ostendit umbram suam ad
25 obliquum quam ad rectum, et ubi umbra minor est, calor est

45/21-2 *et sol ... comburere:* the MS reading is corrupt. It is preferable to read
quia for *et* and to substitute *ut debeat* for *debet:* 'since the sun,
which is nine times greater than the earth, is so hot that it should
burn even the coldest zones.'

<pre>
a   b   c   d
</pre>
45 vtque due celum dextra totidemque sinistra

    a. pro quod uel sicut. si pro quod, repetatur iussit

    b. id est aera

    c. ab austro

    d. a parte septentrionis

<pre>
         a   b   c
</pre>
46 parte secant zone, quinta est ardencior illis,

    a. diuidunt

    b. quantum ad numerum, non ordine

    c. magis ardens, uel non fiat uis in comparacione

<pre>
     a   b
</pre>
47 sic honus inclusum numero distinxit eodem

    a. terram honerosam

    b. zonarum

<pre>
a   b   c
</pre>
48 cura dei, totidemque plage tellure premuntur.

    a. deus curiosus

    b. zone scilicet

    c. quot in celo

<pre>
a   b   c
</pre>
49 Quarum que media est, non est habitabilis estv;

    a. plagarum

    b. illa

    c. propter

46   *ardencior:* this is the only attestation of this comparative form in Latin poetry. By his gloss c the commentator underlines that here the comparative may not have its true force, but may merely substitute for a positive form of the adjective.

maior. Et ut melius cognoscatur, talis potest induci similitudo: accipiat quilibet duas pilas que sunt corpora rotunda et iungat illas; que si iungantur in medio, tamen latera earum magis elongantur. Similiter sol est rotundus et terra rotunda, que licet in medio iungantur, tamen latera eorum a se distant. Et quia sol tangit superficiem terre magis quam latera, ideo illa zona est estu inhabitabilis propter solis uicinitatem; quia uero due frigidissime inhabitabiles sunt, hoc est per solis remocionem.

30

46
No marginal commentary.

47
2va *sic* Sicuti distinxit celum, eodem modo distinxit terram que est in medio clausa.
2vc *honus* id est terram, que dicitur ponderosa quia corpulenta est. *inclusum* id est inclusam inter elementa. Terra enim dicitur
5 inclusa ab elementis quia media est et infima. Omne enim medium in corpore rotundo est infimum.
eodem Non dicit tamen quod ⟨illud⟩ in terram e celo ueniat, set sicut deus fecit illud in celo, sic et in terra.

48
2vc Bene dicit *premuntur* quia quicquid est in terra pressum est.
⟨*plaga*⟩: Plaga uirum tristem reddit, ceruum plaga fallit,
     set plaga pro zonis sensum prebet regionis,
     nunc cingunt zone, nunc signant pro regione.

49
No marginal commentary.

48/2-4   *Plaga ... regione:* I have not found the source for these verses.

         a   b   c   d   e   f
50   nix tegit alta duas, totidem inter utramque locauit

     a. frigiditas
     b. occupat
     c. profunda
     d. extremas
     e. scilicet duas
     f. istarum, frigidam et torridam

                     a   b
51   temperiemque dedit mixta cum frigore flamma.

     a. id est illis duabus
     b. calore

     a   b   c   d
52   Iminet hiis aer, qui quanto est pondere terre,

     a. superest
     b. zonis
     c. senarius
     d. binario numero

     a   b   c
53   pondere aque leuior, tanto est honerosior igne.

     a. quaternario
     b. aque, dico, leuioris
     c. octonario numero

52-3   (gloss c) *senarius* etc.: the commentator equates the weight of each
       element with a number; thus, earth = 2, water = 4, air = 6, and fire = 8.
       This mathematical comparison is drawn directly from the earlier
       glosses of William and Arnulf of Orléans on Ovid's creation myth.
       The numerical equation is treated more fully in the marginal
       commentary on these lines.

50

No marginal commentary.

51

2vc flamma calore, et ita temperate sunt ille due que sunt in medio ubi uiuimus.

52-3

2va iminet etc. Construe: *aer iminet hiis* scilicet regionibus *qui quanto est pondere leuior* id est minus ponderosus *pondere aque* aque, dico, leuioris *pondere terre, tanto est honerosior* id est minus leuis *igne* id est igneo celo. Vel ostendit ita quod
5 per proporcionem numeri explicetur sensus. Per terram ergo accipiamus binarium, per aquam quaternarium, per aera senarium, per celum octonarium. Senarius excedit quaternarium in duobus, binarium in quatuor; et ita quanto magis binarium quam quaternarium, tanto minor est
10 octonario. A simili *quanto aer est leuior pondere terre* quam *pondere aque, tanto est honerosior igne.* Vel aliter: pondus

52-3/1   *iminet* etc. (*Met.* 1.52-3): the standard text as transmitted in the medieval tradition presents problems of interpretation and translation (most notably, the anaphora of *pondere*). The 'Vulgate' commentator resolves these problems by positing a comparative form of *leuis* agreeing with *aquae*, so: 'construe: *the air hangs over these,* namely regions, *which by how much it is lighter than the weight,* that is less heavy, *than the weight of the water* the water, I say, lighter *than the weight of the earth, by so much the more is it heavier,* that is less light, *than fire,* that is the fiery sky.' Lee's edition of *Met.* bk. 1 emends lines 52-3 to read: *imminet his aer qui, quanto est pondere terrae / pondus aquae leuius, tanto est onerosior igni,* 'air hangs over these regions which, by how much the weight of water is lighter than the weight of earth, by so much is heavier than fire.' For a scathing denunciation of editors who print the standard text, see A. E. Housman's edition of Lucan *Bell. civ.* (Oxford 1927), pp. xxvii-xxviii.

/5   *numeri:* this is V²'s (apparent) reading; SX read *nimium.* See lines 52-3 of the poem, where the commentator adds the number above each element.

a   b   c   d
52 Iminet hiis aer, qui quanto est pondere terre,

     a. superest
     b. zonis
     c. senarius
     d. binario numero

a   b   c
53 pondere aque leuior, tanto est honerosior igne.

     a. quaternario
     b. aque, dico, leuioris
     c. octonario numero

a
54 Illic et nebulas, illic consistere nubes

     a. in aere

a   b   c
55 iussit et humanas motura tonitrua mentes

     a. deus uel cura dei
     b. hominum
     c. iussit consistere

      a
56 et cum fulminibus facientes frigora uentos.

     a. iussit consistere

elementorum uocat benignitatem eorum. Pondus ergo terre est
illud quod est medium frigiditatis et siccitatis quarum magna
est affinitas. Pondus aeris est humor et calor, quorum maius
15 est pondus quia ex istis duobus omnia procreantur. Pondus
celi est calor et siccitas, quorum pondus excedit alia quia
originem confert spirituum. Et hoc exigit lictera. Construe:
quanto aer est leuior id est melior *pondere terre* id est ualore
et *pondere aque, tanto est honerosior igne* id est deterior
20 pondere ignis.

54
No marginal commentary.

55
2vc *mentes* maxime nephariorum quos peccati conscientia
reprehendit. Vnde Iuuenalis:
    Hii sunt qui trepidant et ad omnia fulgura pallent.

56
2vc *ventos cum fulminibus facientes frigora* quia de uentis et
fulminibus habent frigora procreari. Vel *uentos facientes
frigora cum fulminibus* quia fulmina et frigora habent
originem a uentis.

52-3/12 *uocat:* the reading of all MSS of the 'Vulgate'; the sentence appears
to mean 'he calls their benevolence their weight.' The source for
this interpretation is William of Orléans *Comm. in Ov.* fol. 83ra,
where, it should be noted, the line reads *pondus elementorum
notat benignitatem ipsorum,* an obviously preferable reading.
/17 *lictera:* CL *littera*
/17-20 *Construe ... pondere ignis:* cf. William of Orléans *Comm. in Ov.* fol.
83ra: 'vel aliter pondus elementorum voco benignitatem ipsorum.
Pondus ergo terre est ita quod medium est frigiditatis et
humiditatis quorum magna est affinitas. Pondus aeris humiditatis
et calorum quorum maius est pondus quia ex istis duobus omnia
procreantur. Pondus celi est calor et siccitas quorum excedit alia,
quia originem confert spirituum. Et hoc exigit littera.'
55/2 *Vnde Iuuenalis: Sat.* 13.223

          a   b   c
57 Hiis quoque non passim mundi fabricator habendum

   a. communiter
   b. deus
   c. ad libitum

      a   b   c   d
58 aera permisit; uix nunc obsistitur illis,

   a. concessit
   b. quia
   c. in tempore isto
   d. ventis

   a   b   c
59 cum sua quisque regat diuerso flamina tractu,

   a. pro quamuis
   b. ventorum
   c. prouincia

      a   b   c   d
60 quin lanient mundum; tanta est discordia fratrum.

   a. dissoluant
   b. partes mundi
   c. et ideo fecit
   d. ventorum

57

2vc Sicut superius per terram freta diuisit, ita et uentos ut boream
et eurum per aerem. Ordo: *hiis quoque* sicut nebulis et
nubibus etc. ⟨*passim*⟩ quasi diceret: diuina dispositio non
concessit uentis quod in omnibus locis essent, immo locum
5 proprium cuilibet assignauit. Vel *passim* id est communiter,
quia non concessit eis deus insimul flare set uicissim.

58
No marginal commentary.

59
No marginal commentary.

60

2vc *fratrum* uentorum, qui fratres dicuntur quia ex eodem aere
nascuntur, uel quia in eodem aere regnant. Vel secundum
fabulam filii fuerunt Aurore et Astrei gigantis qui fuit unus de
Tytanibus. Venti ideo ex Aurora nati finguntur quia, sole
5 occidente et oriente, frequenter uenti mutantur.

57/1   *per terram ... diuisit:* Ovid *Met.* 1.36
60/2-3   *secundum fabulam:* Vat. Myth. I.183. Cf. Arnulf *Comm. in Ov.* fol.
         30ra: 'Fratres dicti sunt uenti quia ex (*et* MS) eodem aere
         nascuntur. Vel quia aurore filii et astrei gigantis.'

    a   b   c
61   Eurus ad auroram Nabatheaque regna recessit

   a. ab eoo ruens dicitur
   b. ad regionem illam
   c. orientalia ubi Nabaiot regnauit

---

61   (gloss a) *ab eoo ruens:* cf. Isidore *Etym.* 13.2.4: 'Eurus eo quod ab eoo
          fluat, id est ab oriente.'

61

2vc *eurus* Vere quisque regit suam partem quia hoc modo sunt
dispositi.

aurora quasi aurea hora dicitur. *Nabathea* id est orientalia.
Nabaiot ibi regnauit primogenitus Hysmaelis, filii Abrahe. Vel
5 Nabathei populi sunt in oriente.

2va *eurus ad auroram* Dictum est superius quod constituit deus
uentos et commisit eis aera habendum set non communiter
quia *eurus* etc. Hic notanda est origo uentorum. Nota quod in
celo posuit deus fontem tocius caloris et in terra fontem tocius
10 humoris. In oriente uero deus constituit duo flumina: vnum
quod nascitur aput antipodes, reliqum quod nascitur in
orientali habitabili. Egrediente uero fluuio qui nascitur aput
antipodes et labente uersus orientem, obuiat illi fluuio qui
nascitur in oriente, et dum ⟨s⟩ibi obuiant, magnum conflictum
15 faciunt, et inde oritur uentus orientalis qui dicitur eurus. Illi
uero fluuii sibi obuiantes, faciunt ex se duos riuulos qui
labuntur circa terram: quidam uersus australem, quidam
uersus septentrionem. Alios uero duos fluuios uoluit deus esse
in occidente: vnus oritur de regione antipodum, alius uero de
20 regione occidentali, in quorum occursione, sicut de aliis
duobus diximus, fit magnus conflictus, et inde oritur quidam
uentus qui dicitur zephirus. Illi uero sibi obuiantes, ex se
faciunt duos riuulos: vnus labitur uersus australem regionem,
alter uersus septentrionem. Riuulis orientalis fluuii et
25 occidentalis sibi obuiantibus, fit conflictus. Vnde oritur uentus
qui dicitur boreas et est septentrionalis. A parte australi sibi
obuiantibus riuulis orientis et occidentis, fit conflictus et inde
oritur uentus qui dicitur auster. Quandoque autem est uelocior
fluuius orientalis quam occidentalis et obuiant sibi ultra
30 medium uel citra et econtrario, et inde oriuntur uenti

61/3   *quasi ... dicitur:* I have not found the source for this etymology.
/3-4   *id est ... Abrahe:* Isidore *Etym.* 9.2.7; Gen 25:12. Cf. Arnulf *Comm.*
       in Ov. fol. 30ra: '*Nabathea* orientalia a nabato rege orientali qui
       fuit filius hismahelis de posteritate noe.'

```
   a        b              c
61 Eurus ad auroram Nabatheaque regna recessit
```

    a. ab eoo ruens dicitur

    b. ad regionem illam

    c. orientalia ubi Nabaiot regnauit

```
   a                b            c
62 Persidaque et radiis iuga subdita matutinis;
```

    a. illam terram

    b. montium

    c. submissa soli

```
   a                        b
63 vesper et occiduo que litora sole tepescunt
```

    a. regio occidentalis

    b. tendente ad occasum

```
   a        b                          c
64 proxima sunt zephiro; Scitiam semptemque triones
```

    a. vicina

    b. principio zephiri

    c. temesis est

---

61   (gloss a) *ab eoo ruens:* cf. Isidore *Etym.* 13.2.4: 'Eurus eo quod ab eoo
       fluat, id est ab oriente.'

64   (gloss c) *temesis est:* a rhetorical figure whereby a word is written as two
       separate parts. The commentator here draws attention to Ovid's
       separation of the noun *septentriones*.

collaterales ut nothus, vulturnus et alii. Alia enim potest
assignari origo uentorum. Dicunt enim ⟨quidam⟩ quod uentus
nichil aliud est quam aeris motus. Aer uero quia humidus et in
hoc ponderosus descendit et includit se in cauernis terre;
35 quodam etiam motu aeris incluso in cauerna et uolente exire,
alio uero uolente intrare, fit conflictus, vnde dicuntur uenti
oriri. Eolia enim regio multum est cauernosa, unde Eolus
dictus est rex uentorum. Per hos uersus possunt cognosci
principales uenti et ipsorum collaterales:
40   Circi[n]us et boreas, aquilo, uulturnus et eurus,
              subsolanus agunt proprietatis opus;
          Affricus et zephirus, chorus, nothus, auster et euro-
              auster ab oppositis bella minantur eis.

        62
2vc ⟨*Persida*⟩ Perse, Medi, Armeni in oriente populi sunt.

        63
2va *que littora sole tepescunt* Tepere uidentur nobis set non sic
     est. Sole enim tendente ad occasum et descendente in mare
     littora non tepescunt, immo calescunt, sole illuc tendente; set
     quantum ad nos tepescunt quia sol a nobis recedit.

        64
2vc *Siciam* Positis dignioribus quasi de portis solis uenientibus,
     ponit alios duos dicens *Siciam* etc.

61/31   *nothus:* CL *notus,* the south wind
  /37-8   *Eolia ... uentorum:* Virgil *Aen.* 1.50-54
  /40-4   *Circi[n]us ... eis:* I have not found the source for these verses, but see
            Lynn Thorndike, 'Vnde versus,' *Traditio* 11 (1955) 171. Cf. John
            of Garland *Integ.* 41-8.

a   b
65 horifer inuasit boreas; contraria tellus

   a. horrorem inferens

   b. contra Boream posita

a   b   c   d   e
66 nubibus assiduis pluuioque madescit ab austro.

   a. copiam notat

   b. assidue cadentibus

   c. -so

   d. madere uidetur nobis

   e. uento illo

a   b   c
67 Hec super inposuit liquidum et grauitate carentem

   a. terram, aquam, et aerem

   b. purum

   c. ponderositate

a   b
68 ethera nec quicquam terrene fecis habentem.

   a. celum

   b. terreni contagii

a   b   c
69 Vix ita limitibus dicerpserat omnia certis,

   a. distanciis

   b. cura dei ordinando separauerat

   c. elementa

66   (gloss c) -so: the commentator thus indicates the adjective *pluuiosoque*.

65

2vc *Boreas* est horridus et siccus quantum ad nos, set quantum ad
australes humidus, quia a regione nostra inpellit nubes uersus
australem. Auster uentus est siccus et horridus quantum ad
illos et humidus quantum ad nos, quia a regione australi
5 inpellit nubes et pluuias uersus nostram regionem. Auster
dicitur a hauriendo quia haurit aquas quoniam uentus siccus
est et calidus.

66
No marginal commentary.

67

2vc *hec super* Postquam egit actor de diuisione et composicione
terre, aque, et aeris, agit de diuisione uel composicione celi
dicens *hec super* etc.

68
No marginal commentary.

69
No marginal commentary.

65/5-6   *Auster ... aquas:* Isidore *Etym.* 13.11.6

70 cum, que pressa diu massa latuere sub ipsa,
                          ^a

a. massam uocat cahos predictum

71 sidera ceperunt toto efferuescere celo;
                   ^a   ^b

a. lucere

b. in qualibet parte celi

72 neu regio foret orba suis animalibus ulla,
^a   ^b   ^c

a. ut non

b. uel animantibus

c. id est aliquod elementum

73 astra tenent celeste solum formeque deorum,
               ^a

a. -tem soliditatem id est firmamentum

74 cesserunt nitidis habitande piscibus unde,
^a   ^b   ^c

a. contigerunt

b. propter scamas

c. ab ipsis

---

73   (gloss a) *-tem:* the commentator thus indicates the adjective *celestem.*

70
No marginal commentary.

71
No marginal commentary.

72

2va *neu regio* Sermo usitatus est. Dicitur enim ab aliquo qui non
est sacerdos alicui querenti sacerdotem: 'non habetis
sacerdotem nisi me' et tamen non est sacerdos. Similiter astra
dicuntur animalia, non quia sint, set quia locum et
5 similitudinem animalium tenent.

73

2vbc ⟨*formeque deorum*⟩ id est planetarum, sicut stella Mercurii,
Iouis, Veneris, et aliorum figure hominum sunt ibi signa.

74

2va *cesserunt* Notandum est quod de duobus elementis, scilicet
aqua et aere, id est calore aeris agente in aquam, creata sunt
duo genera animalium, scilicet aues et pisces. Ex mobilitate et
subtilitate aeris et ex ponderositate et humiditate aque creata
5 sunt illa animalia: que uero magis contraxerunt qualitatem
aeris, euolauerunt in aera et sunt aues; que uero magis
qualitatem aque tenuerunt, descenderunt in aquam. Et hoc est
cesserunt etc.

72/1   *neu regio:* a lemma *animalibus* would seem to be more appropriate
for this comment.
73/1   *id est planetarum:* this portion of the comment is actually interlinear
(in col. b); *sicut ... signa* extends into col. c.

  a

75 terra feras cepit, uolucres agitabilis aer.

   a. volubilis

   a   b   c   d   e

76 Sanctius hiis animal mentisque capacius alte

   a. id est firmius scilicet sanctum
   b. predictis
   c. id est homo
   d. rationis
   e. diuine

   a   b   c

77 deerat adhuc et quod dominari in cetera posset;

   a. deficiebat
   b. dominium habere
   c. super animalia

75

2*vc* ⟨*uolucres*⟩ Aues ab auendo, uolucres a uolando dicuntur. *terra*
feras cepit Fera enim dicitur a ferendo, quia fert se
quocumque animus uult non deliberando, vnde sunt agilia et
leuia animalia. Set homo habet racionem qua deliberat et que
5 retardat eius leuitatem ita ne statim feratur quo animus uult.
Vnde homo sanctius est quam cetera animalia, id est magis
sanctum.

2*va* Sic terminata est mutacio de chao in diuersas species que est
naturalis, et est in contexione elementorum, nec indiget alia
10 exposicione.

76

2*va* *sanxius* Hic incipit agere de terra mutata in hominem et hoc
est *sanxius* etc.
sanctius Positis illis et quasi factis pro homine, dicit eum
sanxius id est deuocius. Continuacio: ita formata erant
5 animalia in terra, in aqua, in aere: in terra bestie, in aqua
pisces, in aere uolucres, set adhuc deerat homo. Vnde dicit
actor *sanctius* etc. *mentisque capacius alte* id est intelligencie,
quia quamuis alia animalia sensibilia essent, tamen intelligere
non habent. Vel *alte mentis* id est profunde memorie, quia
10 nulla animalia preter hominem habent racionem disscernendi.

77

2*va* *et quod dominari in cetera posset* Ad ultimum factus est
homo, quasi iam parato superlectili, ut sic significaretur quod
homo super omnia deberet dominari, et quod homo se rebus
non debet subponere nec supponi rebus, set sibi res supponere
5 et dominari. De cuius costa media teste genesi fecit deus

75/1   *Aues ab auendo:* Eberhard *Graec.* 10.154
            uolucres ... dicuntur: Isidore *Etym.* 12.7.4; Papias *Vocab.* s.v.
            'Volucres'
    /2-4 *Fera ... animalia:* Isidore *Etym.* 12.2.2; Papias *Vocab.* s.v. 'Fera'
    /8-10 *terminata ... exposicione:* Arnulf *Alleg.* 1.1
77/2   *superlectili:* ablative singular of *superlectile* (neuter), 'bedding.' See
            Latham.
    /5   *teste genesi:* Gen 2:22

```
      a                    b              c
77  deerat adhuc et quod dominari in cetera posset;
```

    a. deficiebat
    b. dominium habere
    c. super animalia

```
      a              b    c        d    e
78  natus homo est, siue hunc diuino semine fecit
```

    a. formatus
    b. nescio
    c. hominem
    d. ex
    e. ex constitucione diuina

mulierem. Vnde magister Galterus:
> De limo formatur homo, quem costa fefellit
> propria etc.

Et illud:

10   Ade de costis, Ade datur uxor et hostis,

vt sic significaret deus uxorem debere coniungi uiro per
matrimonium. Facta est autem femina de mediis costis, non
de superioribus, nec de infimis, ut sic significaretur quod
mulier debet supponi uiro, nec omnino debet eam conculcare
15 uir. Fecit deus hominem de limo terre et ei uitam inspirauit.

78

2vc *natus homo* etc. Hic ponit duplicem opinionem creandi
2vbc hominem: catholicam et gentilem. Ca/tholicam ubi dicit *ille*
     opifex, gentilem ubi dicit *siue recens tellus.* Yapetus habuit
     duos filios, Epymetheum et Promotheum, qui primus
5   simulacrum hominis de limo terre fecit et plasmati suo
     radium solis furtim habitum apposuit, et sic uiuificauit.
     Propter hoc uero in Caucaso monte a diis est fulminatus et
     adhibiti sunt uultures suo iecori corrodendo. Set hoc est
     incredibile quod cum homo non esset, [et] Promotheus, qui
10   homo erat, hominem formaret. Re uera deus fecit hominem de
     limo terre, ei conferens rationem, attestante genesi. Fabulose
     dictum est quod Promotheus eum formauit de limo terre, et de
     igne furato de curru solis ei inspirasse spiraculum uite. Qua de
     causa a Ioue in Caucaso monte fulminatus est et uultures
15   iecori suo corrodendo adhibiti sunt. Re uera in Caucaso monte
     Prometheus studens naturam hominis esse duplam
     considerauit: quantum ad corpus terre⟨nam⟩ et quantum ad
     animam celestem. Vnde fingitur radium solis furatum ei

77/6   *Vnde ... Galterus:* Walter of Châtillon *Alex.* 4.190-91
 /9   *Et illud:* Walther, *Initia* no. 480
 /15   *Fecit ... inspirauit:* Gen 2:7
78/3-8 *Yapetus ... corrodendo:* Vat. Myth. I.1
 /5   *plasmati:* dative singular of *plasma,* 'model'
 /11   *attestante genesi:* Gen 2:7
 /11-22 *Fabulose ... consumit:* Arnulf *Alleg.* 1.2

    a   b   c   d   e

78 natus homo est, siue hunc diuino semine fecit

    a. formatus

    b. nescio

    c. hominem

    d. ex

    e. ex constitucione diuina

    a   b   c

79 ille opifex rerum, mundi melioris origo,

    a. deus

    b. opera faciens

    c. actiue, id est meliorati per ipsum uel causa efficiens

       a   b

80 siue recens tellus seductaque nuper ab alto

    a. recenter ab aqua separata

    b. separata id est

       a   b

81 ethere cognati retinebat semina celi.

    a. prius coniuncti sibi

    b. quia de eadem massa facta fuerunt

20 inspirasse. Et quod uultures eum corrodunt, hoc est ideo quod
uehemens studium exteriora hominis studentis inficit et
interiora consumit. Vnde in Alexandreyde de Aristotile:
        et quod cibus educat extra
    interior sibi sumit homo fomenta laboris.
25 ⟨Set⟩ nimis prolixum est hoc et ideo tacendum est.
3rab Ista mutacio naturalis est. Re uera natura naturans, scilicet
deus, creauit hominem de limo terre, que creacio a
phillosophis dicta est mutacio. Set quod de Prometheo dicitur
allegoricum est. Prometheus enim dicitur quasi primus theos,
30 id est deus, qui uero ad ymaginem et similitudinem suam fecit
hominem, corpus uidelicet de terra, animam de diuina
essencia. Postea conueniunt elementa per contexionem et de
spermate natus est homo, et hoc mediante semine; que
nativitas dicitur mutacio naturalis.

79
2vc *origo* uel *ymago,* id est existens causa efficiens mundi melius
distincti quam tunc esset. *Melioris* dicit ad differenciam
mundi presentis, *melioris* meliorati per diuisionem
elementorum. In mente enim diuina erat ymago mundi et
5 secundum quod era[n]t in mente, fecit deus.

80
No marginal commentary.

81
No marginal commentary.

78/22   *Vnde ... Aristotile:* Walter of Châtillon *Alex.* 1.70-71
  /28-9   *Prometheus ... deus:* I have not found the source, but cf. Bernard
        Silvester *Comm. in Mart. Cap.* p. 118. Vat. Myth. II.63 derives
        Prometheus from the Greek *prometheia* (προμήθεια), 'quod nos
        Latini prouidentiam Dei dicimus.'
79/4-5   *In mente ... deus:* cf. Calcidius *Comm. in Tim.* 273.

      a   b
3rb 82 Quam satus Iapeto mixtam fluuialibus vndis

  a. Prometheus
  b. ut faciliter caderet a manibus artificis

  a   b   c
83 finxit in effigiem moderantum cuncta deorum,

  a. composuit
  b. rationabilem
  c. ad similitudinem dei

  a   b
84 pronaque cum spectent animalia cetera terram,

  a. uersus terram
  b. ab homine

  a   b
85 os homini sublime dedit celumque videre

  a. Prometheus uel opifex *dedit* erectum
  b. ut cognoscat saluatorem

    a   b
86 iussit et erectos ad sidera tollere uultus.

  a. sursum aspicere
  b. celum

          a   b
87 Sic, modo que fuerat rudis et sine ymagine, tellus

  a. sine arte sine forma
  b. id est

83 (gloss c) *ad similitudinem dei:* the scribe mistakenly writes this gloss
    above *moderantum* instead of above *effigiem.*

82
No marginal commentary.

83

3rc1   *effigiem* ad similitudinem dei, quam participationem cum
diuinis probat ipsa forma hominis.

84

3rc2   *pronaque cum spectent* etc. Vnde Bernardus:
Bruta patenter ⟨habent⟩ tardos animalia sensus,
cornua deiectis uultibus ore ferunt.
Set maiestatem mentis testante figura,
5   tollit homo sanctum solus ad astra caput
vt celi leges indeflexosque meatus
exemplar uite possit habere sue.

85

3rc   *celumque uidere* ad cognicionem et laudem sui creatoris
factus est homo erectus ut motum firmamenti consideraret et
iuxta illum ⟨suum⟩ animum applicaret. Bene dicit *celum*
quoniam celum est patria futura hominum et ibi mansuri sunt
5 homines in eternum.

86
No marginal commentary.

87

3rc1   *sic* epylogus.

83/1   *ad similitudinem dei:* cf. Gen 1:26.
84/1   *Vnde Bernardus:* Bernard Silvester *Cosm.* 2.10.27-32
85/1-3 *ad cognicionem ... applicaret:* cf. Arnulf *Comm. in Ov.* fol. 30rb:
        'celumque uidere ad cognitionem et ad laudem creatoris sui
        propter cuius laudem factus est homo.'
87/1   *epylogus:* CL *epilogus*, a rhetorical term to designate the peroration
        of a speech; here it denotes a summing up of the previous action
        in the poem.

     a   b   c
88 induit ignotas hominum conuersa figuras.

    a. recepit

    b. non prius uisas

    c. de informi in formatam

     a   b   c   d
89 Aurea prima sata est etas, que uindice nullo,

    a. auro comparabilis in bonitate

    b. formata

    c. uel iudice

    d. existente

89   *uindice nullo:* the commentator provides the common variant *iudice* (gloss c); since the use of the ablative absolute without a form of *esse* might cause difficulty for the medieval student, he supplies the present participle *existente* (gloss d).

88
No marginal commentary.

89

3rab *aurea* etc. Hic agit actor de mundo mutato in quatuor secula
uel etates a metallis denominatas. Set antequam hoc peregerit,
intermiscebit de anno mutato in quatuor tempora.
Continuacio talis est: ita terra in hominem est mutata *etas*
5 *aurea* etc.

3ra *aurea* Post creacionem hominum agit actor de etate
eorundem, dicens quod etas hominis diuisa est in quatuor
etates, in auream scilicet que fuit prima, in argenteam, eneam,
et ferream. Figuraliter primam etatem dicit auream fuisse quia
10 homines illius etatis uirtutibus adherebant, set de die in diem
in uicia processerunt: quod designatur per etates sequentes.
aurea Decem sunt genera metallorum per que uoluit Sibilla
decem etates designari. Prima etas aurea figuratur quia, sicut
aurum preualet ceteris metallis, sic prima etas ceteris in
15 bonitate. Nomina metallorum sunt hec: aurum, argentum,
cuprum, electrum, auricalcum, es, stangnum, plumbum,
acinas, ferrum.
⟨*aurea*⟩ Versus:
Gens prior absque malis, gens recta fide specialis,
20 pax erat et pietas, sic aurea dicitur etas.
3rc2 ⟨*aurea*⟩ Primam etatem laudat Boecius:

89/12-13 *Decem ... designari:* Servius *Comm. in Verg. Buc.* 4.4: 'Sibyllini,
quae Cumana fuit et saecula per metalla divisit, dixit etiam quis
quo saeculo imperaret, et Solem ultimum, id est decimum, voluit.'
Twelfth-century commentators differentiate six ages of man:
'aurum, argentum, es, cuprum, stagnum, ferrum.'

/12 *Sibilla:* CL *Sibylla,* a prophetess inspired by Apollo. She is Aeneas'
guide during his trip to the underworld in bk 6 of the *Aeneid.*

/15-17 *aurum ...ferrum:* the anonymous *Liber de natura deorum* (ed.
Brown, p. 7) provides an almost identical list (it omits *auricalcum*
and *acinas*).

/18 *Versus:* I have not found the source for these verses.

/21 *laudat Boecius: De cons. phil.* 2.5.1-5

a   b   c   d
89 Aurea prima sata est etas, que uindice nullo,

    a. auro comparabilis in bonitate
    b. formata
    c. uel iudice
    d. existente

a   b   c   d
90 sponte sua, sine lege fidem rectumque colebat.

    a. propria uoluntate
    b. legis coactione
    c. fidelitatem
    d. iusticiam

91 Pena metusque aberant nec uerba minancia ceso

92 ere ligabantur, nec simplex turba timebat

93 iudicis ora sui, set erant sine uindice tuti.

                     a
94 Nondum cesa suis, peregrinum ut uiseret orbem,

    a. ad hoc

91-3   *Pena ... tuti:* these lines, omitted in a large number of older MSS of the *Metamorphoses,* are written in S across the lower margin of fol. 3r, in the hand of the scribe of the Ovid text. Note that the lines are transmitted without gloss, an indication that they did not form part of the original text used by the author of the 'Vulgate' commentary.

Felix nimi[r]um prior etas
contempta fidelibus aruis
nec inherti perdita luxu,
25   facili ⟨que⟩ sera solebat
ieiunia pellere glande.

3rc1   *vindice* ⟨id est⟩ uindicante quia nullus faciebat iniuriam et
ideo non indigebant uindicta. Vel *iudice* id est iudicante quia
erant sine culpa et ideo non indigebant iudicio.

90

3rc   *fidem* quantum ad deos *rectum* quantum ad homines. Vel
fidem in dictis *rectum* in factis. Vel *fidem* quantum ad
proximos *rectum* quantum ad extraneos. Fides est religionis
sanctissime fundamentum, caritatis uinculum, amoris
5   subsidium. Fides sanctitatem firmat, caritatem roborat,
dignitatem exornat; in pueris splendet, in iuuenibus floret, in
prouectis apparet, in paupere est grata, in mediocri leta, in
locuplete honesta.

91
No marginal commentary.

92
No marginal commentary.

93
No marginal commentary.

94

3ra   *nondum* Hic de cupiditate dicit quam ab eis remouet
remouendo ea que auariciam consequntur. *nondum* totum
extingat † . Continuacio: bene dico quod homines prime etatis
uiuebant innocue et hoc probo quia *nondum* etc.

89/23   *contempta:* CL *contenta*
94/3   † : the text is corrupt, and I am unable to offer an emendation.

95   montibus in liquidas pinus descenderat undas,

         a   b   c   d
96   nullaque mortales preter sua litora norant.

   a. homines
   b. propria
   c. sue terre scilicet
   d. modo uero noscunt aliena

         a
97   Nondum precipites cingebant opida fosse,

   a. profunde

     a   b   c
98   nec tuba directi, non eris cornua flexi,

   a. existens
   b. eris
   c. existencia

 a   b   c   d   e
99   nec galee, non ensis erat, sine militis vsu

   a. ad deffensionem
   b. erant
   c. ad pugnacionem
   d. sine exercitu
   e. hic concordiam

99   (gloss a) *ad deffensionem:* actually written in col. a, between two
     marginal comments, with a trace line to *nec*
     (gloss e) *hic concordiam:* this gloss above *vsu* is slightly unusual,
     since it does not follow the normal pattern of grammatical and
     syntactical comment. The commentator means 'here the poet is
     describing harmony.' Similarly, at line 101 *hic copiam* above *ullis*
     (gloss b) means 'here Ovid describes abundance.'

95

3rc   *pinus* Ponit materiam pro materiato quia pinus est arbor de qua fiunt naues.

3rb   ⟨*descenderat*⟩ de montibus. Vel *descenderat* dicit quia mare inferius est terra.

96

No marginal commentary.

97

3ra   *nondum precipites* Hic bellum remouet.

3rb   ⟨*cingebant opida fossa*⟩ quia nullus iniuriabatur alii.

98

3ra   *tuba* qua uocarentur ad bellum.

3rc   *tuba* est instrumentum de ere recto factum. *cornua* sunt instrvmenta de ere curuato facta. Ad istorum sonitum milites mouentur ad arma.

99

No marginal commentary.

95/3   *de montibus ... terra:* this is written as an interlinear gloss, but properly belongs to the commentary.

97/2   *quia ... alii:* written interlinearly. The frequent occurrence of such comments among the interlinear glosses on fols. 3r-v may attest (as may the non-sequential distribution of marginal glosses amongst the folio columns) to the accretive quality of works of this type.

98/2-3   *tuba ... facta:* cf. Arnulf *Comm. in Ov.* fol. 30rb: '*Non tuba directi* instrumentum est de ere recto factum. *cornua* instrumentum est de ere curvato.'

100   mollia secure peragebant ocia gentes.

                  a   b
101   Ipsa quoque inmunis rastoque intacta nec ullis
    a. sine officio
    b. hic copiam

102   saucia uomeribus per se dabat omnia tellus,

                              a
103   contentique cibis nullo cogente creatis
    a. id est sine cultura

      a
104   arboreos fetus montanaque fraga legebant
    a. uel arbuteos

      a   b
105   cornaque et in duris herencia mora rubetis
    a. illos fructus
    b. spinosis

100

3ra *mollia* ab effectu quia hominem mollem reddunt.

3rb ⟨*secure*⟩ sine cura guerre et belli quia non erat adhuc guerra nec usus armorum.

101

3ra *inmunis* sine munio, quia sibi nullus cultus inpendebatur.

3rc *inmunis* tunc enim non seminabantur fruges nec excolebatur terra, vnde erat inmunis, set modo non est. Quando excolitur terra et seruntur segetes inmunis non est quia tenetur reddere
5 depositum suum.

102

3rc *per se* id est sine aliqua coactione culture. Modo enim uidetur terra cogi ad fructum reddendum quoniam colitur et aratur, set tunc nullus eam colebat et ideo ipsa dabat omnia per se, id est non coacta ab aliquo colente. Vel *per se* id est sine adiutorio.
5 *omnia* id est ea que habebat pro omnibus.

3ra *tellus* est profunditas in [a]qua radices arborum et herbarum continentur; terra est superficies. Vel *tellus* est dea terre.

103

3rc *nullo cogente* quia terram non arabant homines sicut modo faciunt.

104

3ra ⟨*arbuteos*⟩ Arbutus est arbor, arbutum fructus.

105

No marginal commentary.

100/2-3   *sine ... armorum:* written interlinearly

101/1   *sine munio:* the reading of all the MSS; cf. Isidore *Etym.* 10.140.
           Papias *Vocab.* provides the following meaning: 'Inmunis, sine
           munere.' See also Isidore *Etym.* 14.8.33.

102/5   *omnia ... omnibus:* translate 'all things, that is to say those things
           which the earth possessed for the benefit of all men.'

/6-7   *tellus ... terre:* Papias *Vocab.* s.v. 'Tellus'

104/1   *Arbutus ... fructus:* Papias *Vocab.* s.v. 'Arbusta'

a   b
106 et, que deciderant patula Iouis arbore, glandes.

    a. legebant

    b. scilicet a quercu

a   b   c
107 Ver erat eternum, placidique tepentibus auris

    a. uidebatur

    b. continuum

    c. placide flantes

106

3rc1 *patula* quia dicitur Iupiter primos homines pauisse glande in
Dodona silua. Vel quia ibi dabat responsa per eneas columbas.
Vel dicitur *patula* quia semper patet, patens quod ad horam
patet, sicut oculus, porta.

107

3rc2 *ver erat eternum* De tempore in quo natus fuit homo diuersi
diuersa senciunt. Opinio autem Virgilii fuit quod natus fuit in
uere quia tum res noue essent et tenere; necesse enim fuit ut
molliter reciperentur, quia, si eis inferretur aliqua uiolencia,
5 cito corrumperentur. Vnde in uere quando tempus est
amenum pocius generate fuerunt res, et factus fuit homo tunc
pocius quam in alio tempore. Opinio autem Macrobii fuit
quod natus fuit homo et creatus in estate. Vnde dicit quod in
die natali mundi cancer lunam, leo solem gessit, et hoc est in
10 Iulio. Dixit autem mundum fieri in Iulio quia tempus est tunc
feruidissimum; sic autem oportuit esse in natali mundi quia
aqua tegebat totam terram et ascendebat usque in medium
aeris. Vnde oportuit solem feruidissimum et superiora corpora
haberi que dessicarent terram ut terra appareret. Opinio autem
15 Ouidii fuit quod mundus factus fuit in vere. Continua: ita
solebat terra fructificari et esse delectabilis semper quia *ver
erat eternum*. Ver dicitur delectacio quia in uere nascuntur
flores in quibus legendis delectamur.

106/1-2   *dicitur ... columbas:* Vat. Myth. II.227; *eneas columbas* = 'bronze
doves.' Vat. Myth. II transmits the reading *aereas columbas,*
which could mean either 'bronze doves' or 'airborne doves.'
Berlin, Staatsbibliothek preussischer Kulturbesitz, lat. 8° 68, fol.
3v, preserves the reading *eneas ollas.*

/3-4   *Vel dicitur ... porta:* cf. Eberhard *Graec.* 13.39-40; Servius *Comm. in
Aen.* 6.725.

107/2   *Opinio ... Virgilii:* cf. *Georg.* 2.336-45.

/7   *Opinio ... Macrobii: Comm. in Somn.* 1.21.25

/13-14   *Vnde ... appareret:* 'Thus it was fitting for the sun and the heavenly
bodies to be considered most scorching so that they might dry the
earth and thereby make it appear.' This passage may be corrupt.

                          a   b
108   mulcebant Zephiri natos sine semine flores;

   a. scilicet uenti
   b. ab homine proiecto

109   mox etiam tellus fruges inarata ferebat,

        a   b   c
110   nec renouatus ager grauidis canebat aristis:

   a. non
   b. aratro
   c. grano

         a
111   flumina iam lactis, iam flumina nectaris ibant,

   a. dulcia ut lac

        a   b
112   flauaque de uiridi stillabant ilice mella.

   a. flaui caloris existencia
   b. in qua apes mellificant

108

3ra *mulcebant* Magister Galterus, uolens sapere uim uerborum
Ouidii, locum delectabilem in quo Darius ad suos loquitur
describit dicens:

Hic mater Cybele, Zephirum cui, Flora, maritans
5   pululat, et uallem fecundat gracia fontis.
zephiri id est uenti quia in singulari sumitur pro specie; si
uero sit plurale, tunc species pro genere sumitur, et hoc est
generale omnibus speciebus uentorum.

109
No marginal commentary.

110
No marginal commentary.

111

3ra *nectar* proprie est potus deorum ex omni dulcedine constans,
set ⟨quandoque⟩ ponitur pro quolibet. *nectar* a necto, -tis
dicitur quia conficitur ex multis speciebus que nectuntur inter
se. Vel dicitur *nectar* quia nectit linguam et allicit.
3rcl ⟨*flumina*⟩ *nectaris ibant* Excludit ebrietatem quia dulcis erat
aqua. Vnde in libro Fastorum:
Nectar erat manibus hausta duabus aqua.

112
No marginal commentary.

108/1   *Galterus:* Walter of Châtillon *Alex.* 2.317-18
111/2   *necto, -tis:* the commentator regularly cites verbs by providing the
         forms for the first and second person singular.
   /4   *quia ... allicit:* Balbus *Cath.* s.v. 'Nectar' provides a parallel for this
         definition.
   /6   *in libro Fastorum:* Ovid *Fasti* 2.294

a
113 Postquam Saturno tenebrosa in Tartara misso

a. obscura

113

3rc1 ⟨*Tartara*⟩ Hic Tartarus in singulari. Nomen etheroclitum in
genere et est nomen tractum a sono.

3ra Ita in tempore Saturni fuit etas aurea, id est auro comparanda
in bonitate, set *postquam Saturno tenebrosa in tartara misso* a
5   Ioue uel naturaliter ad Tartara, quia tunc temporis omnes ad
inferos descendebant; ideo de celo non fecit mencionem † ... †
quia non fuit ⟨aliquis⟩ tam probus quam Saturnus qui[a] sic
dictus est quasi saturans homines. Saturnus tres habuit filios,
quorum unum precipitauit in aquam et deus aque fingitur;
10 alium occidit et deus inferni asseritur; tercius superfuit et ille
dicitur celum tenuisse. Dicitur quod Saturnus expulsus fuit a
regno, scilicet Creta, a Ioue filio suo per conflictum et ita
mutatum est seculum per Iouem de auro in argentum.

3rc Rei ueritas est quod Iupiter filius Saturni patrem a regno
15 expulit qui susceptus fuit in Lacium et docuit ibi agricultu-
ram. Vnde Lacium dicitur a lateo, tes quia ibi latuit Saturnus.

3rbc Integumentum tale est: / notandum est quod septem sunt
planete quorum Saturnus ceteris est alcior et firmamento
propinquior cursum suum per XXX annos perficit, Iupiter per
20 XII, Mars per quinque, sol per annum, Mercurius per duos,
Venus per minus quam per annum, luna per mensem. Saturnus
dicitur pater Iouis quia est superior planeta. Iupiter patrem a
regno expulit quia Iupiter planeta beniuolus maliciam Saturni

---

113/1-2   *Hic ... a sono:* in Berlin Diez B Sant. 5 a later hand adds the
following to this gloss: *scilicet a thare quod est lamentacio.* Cf.
Balbus *Cath.* s.v. 'Trena' for a similar definition of the word.

/1   *etheroclitum:* a noun that can have two genders. Thus *Tartarus* may
be masculine singular (*Tartarus*) or neuter plural (*Tartara*). See
also the marginal commmentary and note to *Met.* 10.21/1.

/6   † ... †: the passage is corrupt; V² seeks to emend it thus: *ad quod
deberet ascendisse si aliquis ibi ascenderet.* This gloss seems to
derive from Munich, Bayerische Staatsbibliothek, Clm 4610, fol.
63ra: 'Postquam Saturno misso a Ioue uel naturaliter ad tartara.
Ideo non facit mentionem celi quia non fuit tam probus sicut
Saturnus saturans homines.'

/7-8   *Saturnus ... homines:* cf. Vat. Myth. II.1.

/11-13 *Saturnus ... argentum:* cf. Arnulf *Alleg.* 1.5.

/16   *Vnde ... Saturnus:* Vat. Myth. II.1

/17-27 *Integumentum ... nuncupatur:* cf. Vat. Myth. II.1.3.

113 Postquam Saturno tenebrosa in Tartara misso
    a. obscura

114 sub Ioue mundus erat, subiit argentea proles,
    a. sub potestate Iouis

3rabc qui est maliuolus expellit. / Omnes enim grandines ⟨et⟩
25 tempestates descendentes ⟨in⟩ nostro hemisperio a Saturno
ueniunt. Vnde planeta nocentissimus nuncupatur. Vel sic:
Saturnus idem est quod tempus, quasi satur annis. Vnde aput
Libicos depingitur in specie serpentis caudam in ore tenentis.
Tempus enim rotundum est et uolubile. Iupiter ⟨fuit⟩ filius
30 Saturni quia tempus legis fuit ante tempus gracie. Iupiter
expulit patrem a regno quando tempus legis exulauit ueniente
tempore gracie. Saturnus deuorauit albestrum. Per hoc notatur
quod nichil adeo firmum est quin in tempore consumatur.
Vnde illud: omnia sicut uestimentum ueterascent; uerbum
35 domini manet in eternum. Testiculi Saturni sunt legumina
terre, frumenta ordea quibus deiectis in mare, id est in uentres
hominum qui se habent tamquam mare, nata est Venus quia
uenter humanus terre leguminibus crapulatus surgit in
luxuriam. Vnde illud: uenter mero estuans cito despumat in
40 libidinem. Versus de integumento:

> Tempus Saturnus, ubertas mentula, proles
> posteritas, uenter est mare, spuma Venus.

114

rc1 *subiit* Hic est eptimemeris: quarti prima pedis eptimemerim
tibi signat.

113/27 *satur annis: satur annus* S. Cicero *De nat. deor.* 2.24.64; Eberhard
  Graec. 7.26.
/32-3 *Saturnus ... consumatur:* cf. Vat. Myth. II.1.
/32 *albestrum* (also *alabastum, alabaustrum, albestus*): alabaster. It must
  refer to the stone that Saturn's wife Rhea gave to the god to
  devour as a replacement for his offspring Zeus. In Vat. Myth.
  I.104 the stone is referred to as *abidir:* 'Sed tunc cum natus esset
  Iuppiter, ut partum ejus celaret mater, misit Saturno gemmam in
  similitudinem pueri celsam, quam ABIDIR uocant.' So also in
  Vat. Myth. III (ed. Bode, p. 256) and Hyginus *Fab.* 139.
/34 *omnia ... ueterascent:* Hebr 1:11
/34-5 *verbum ... eternum:* 1 Petr 1:25
/35-9 *Testiculi ... luxuriam:* cf. Vat. Myth. III.1.7; Fulgentius *Mit.* 1.2.
/39 *Vnde illud:* I have not found the source for this statement.
/40 *Versus de integumento:* John of Garland *Integ.* 73-4
114/1 *eptimemeris:* CL *hephthemimeres,* the first 3 1/2 feet of a hexameter
  before the caesura. See also the note on *eptimemerim* below (p. 101).
/1-2 *quarti ... signat:* Alexander of Villa-Dei *Doct.* 2419

a
114 sub Ioue mundus erat, subiit argentea proles,

    a. sub potestate Iouis

a   b   c   d
115 auro deterior, fuluo preciosior ere.

    a. prima etate
    b. peior
    c. melior
    d. tempore sequente

a   b   c
116 Iupiter antiqui contraxit tempora veris,

    a. uel eterni
    b. abreuiauit
    c. temperiei

a
117 perque hiemes estusque et inequales autumpnos

    a. scilicet

⟨*argentea proles*⟩ diminuta a bonitate prime etatis quantum argentum peius est auro.

115

No marginal commentary.

116

3ra ⟨*antiqui*⟩ uel *eterni* prius qui modo diuisus est in quatuor. Hiems dicitur ab emi quod est dimidium quia uidetur nobis durare per medium anni.

117

3rc1 ⟨*perque hiemes*⟩ Hic intermiscet de anno mutato in quatuor tempora. Dicit ergo *perque hyem⟨e⟩s* etc.

3rb ⟨*inequales autumpnos*⟩ quia dicit alibi:
> Modo frigoribus premimur, modo soluimur estu.

3rc *inequales* nam 'modo frigoribus etc.' Vel *inequales* de serenitate et tempestate. Vel *inequales* scilicet pestiferis temporibus, quasi mortiferos ex calore ⟨precedente⟩ et frigore subsequente. Vel *inequales* id est iniquos propter fructus qui tunc sunt noui et corrumpunt homines et ideo sunt iniqui. Vel

10 *inequales* sicut dictum est in prima lectura quia modo sunt frigora, modo estus.

114/1   *eptimemerim* (see p. 99 above): the reading of V; *-is* S. The commentator here alludes to the hephthemimeral caesura found where a word ends the first half of the 4th foot of the line. The principal caesura in Latin poetry is called the penthemimeral and is found after the thesis of the 3rd foot; next in importance is the hephthemimeral, found after the thesis of the 4th foot; less frequent is the trihemimeral caesura, found after the thesis of the 2nd foot. The final syllable of *subiit* is long by nature (as are all other compounds of the verb *eo* in the 3rd person singular of the perfect).

116/2   *Hiems ... dimidium:* Eberhard *Graec.* 8.139
        emi: CL *hemi*

117/3   *quia ... estu:* written interlinearly. Ovid *A.A.* 2.317.
  /6-8   *Vel ... subsequente:* appears to be taken from Salzburg a.V.4, fol. 9v: 'uel inequales id est pestiferos corporibus ex calore preterito et frigore ineunte.'

       a   b
118 et breue uer spaciis exegit quatuor annum.

    a. respectv primi
    b. diuisit

119 Tunc primum siccis aer feruoribus ustus

       a
120 canduit, et uentis glacies astricta pependit;

    a. nimia siccitate

                  a
121 tunc primum subiere domos: domus antra fuerunt

    a. habita⟨ba⟩nt in cauernis terre

      a   b
122 et densi fructices et iuncte cortice uirge;

    a. in dempsitate coniuncti
    b. fuerunt domus

122   (gloss a) *dempsitate = densitate*

118

3ra breue uer respecv ueris precedentis quod semper durabat. Vel
breue uer respectv aliorum temporum, scilicet hyemi⟨s⟩,
autumpni, estatis. Ver dicitur breuius hyeme quia hiems
frigida est et omne frigidum uidetur esse longum. Estas est
5 calida et calor nimius displicet. Autumpnus est tempus
intemperatum. Vnde infra: nam modo frigoribus premimur
etc. Ver uero tempus est delectabile. Vnde dicitur breue
respectv aliorum temporum.

3rabc Ista mutacio naturalis est. Iste siquidem anni diuersitates
10 quatuor uel per contexionem † ... † flammis suis debite
constitutis per reuolucionem firmamenti contigerunt
secundum accessum et recessum solis.

119

3rc1 tunc primum Ecce corruptis moribus cepit omnis intemperies
et labor.

3rb ⟨*siccis*⟩ in estate enim desiccatur aer per calorem solis.

120

3rb ⟨*canduit*⟩ tractum est a ferro quia quanto calidius, tanto
candidius.
⟨*glacies*⟩ Ventus enim auget frigiditatem.

121

No marginal commentary.

122

3ra ⟨*densi fructices*⟩ sicut Cesariensibus salices et huiusmodi
arbores intexte fuerunt ⟨in⟩ naues. Vnde Lucanus:
    Primum cana salix madefacto robore paruam
    texitur in pupem.

118/10   † ... †: the passage is corrupt.
119/3   *in estate ... solis:* written interlinearly
120/1-3   All written interlinearly.
122/1   *Cesariensibus:* 'for the soldiers of Caesar'
    /2   *Vnde Lucanus: Bell. civ.* 4.131-2

                                            a   b

123 semina tunc primum longis cerealia sulcis

    a. Cereris

    b. longa lira

         a

124 obruta sunt, pressique iugo gemuere iuuenci.

    a. seminata uel tecta

           a   b   c   d

3vb 125 Tercia post illam successit aenea proles,

    a   argenteam

    b. subiit

    c. erea, scilicet eri comparabilis

    d. etas scilicet

    a   b   c

126 seuior ingeniis et ad horrida promcior arma,

    a. versuta

    b. ab effectu

    c. paracior, uelocior

      a   b

127 nec scelerata tamen; de duro est vltima ferro.

    a. respectv ultime

    b. etas decima

123   (gloss b) *longa lira:* 'in a long furrow'; the gloss is written beside *sulcis* (to the right) instead of above it.

127   (gloss b) *etas decima:* in the marginal commentary (see facing page) the commentator alludes to the Sibyl's ten categories for the ages of man.

123

3rb ⟨*cerealia*⟩ Ceres dea frugum dicitur quasi creans res.

124

3ra *gemuere* quod magnum notat laborem et hoc ⟨idem⟩ innuit
Virgilius in Georgicis dicens:
>Depresso incipiat iam tum michi taurus aratro
>ingemere.

3rb ⟨*pressique iugo*⟩ aratro. Partem ponit pro toto.
⟨*gemuere iuuenci*⟩ quia iugo capita premuntur.

125

3va2 Diximus quod etas secunda fuit deterior prima que fuit aurea,
ita et tercia deterior secunda.

3vc ⟨*aenea*⟩ dyeresis est. Silliba diuiditur et dyeres⟨is⟩ uocitatur.

126

No marginal commentary.

127

3va2 *scelerata* occidendo consanguineos.

3va1 *tamen* licet dixerim quod ⟨tercia⟩ sit crudelior secunda et
prima *tamen* etc.
Merito potest dici ferrum etas ultima nam *omne nephas* etc.

3vc *de duro* Cum actor continue deberet loqui de decem etatibus
que designantur per decem genera metallorum, medias tacet
et ponit ultimam quarto loco quia ipse dicit *ultima est de duro
ferro*. Vltima uero ferro comparatur quia uilissimum est
metallum et durius omni metallo, quasi diceret: tunc fuit peior
10 etas, id est sequaces fuerunt peiores quam priores.

123/1   *Ceres ... res:* written interlinearly. Balbus *Cath.* s.v. 'Ceres' provides
a similar definition; see also Vat. Myth. III.7.1.

124/2   *Virgilius in Georgicis: Georg.* 1.45-6

/5-6   All written interlinearly. *Partem ... toto* = synecdoche.

125/3   *dyeresis:* CL *diaeresis,* the separation of a diphthong into two vowels
pronounced consecutively
Silliba ... uocitatur: Alexander of Villa-Dei *Doct.* 2427

127/4   *ferrum:* the reading of S. V² emends to *ferrea,* a more correct usage.

     a   b
128 Protinus irrupit uene peioris in euum

   a. statim

   b. violenter intrauit

     a   b
129 omne nephas, fugere pudor uerumque fidesque,

   a. omne genus sceleris

   b. pudicicia

     a   b   c
130 in quorum subiere locum fraudesque dolique

   a. pudoris, veri, fidei

   b. quantum ad facta

   c. quantum ad verba

     a
131 insidieque et uis et amor sceleratus habendi.

   a. latronum

     a   b
132 Vela dabat uentis nec adhuc bene nouerat illos

   a. explicabat

   b. ventos

128

3va1 *protinus* Memoriter tenens uerba Ouidii magister Galterus
similia hiis dixit:

    Pululat humanum genus et polluta propago.

    Decedit uirtus, uicium succedit, adherent

5   coniugio illicito, pietas rectumque recedunt.

3va2 *irrupit* dicit quia homo naturaliter ⟨est⟩ bonus et bonum
appetit et bonum uult et non aliud nisi bonum et propter hoc
dicit *irrupit*.

  3vc *euum* est continuus discursus temporum.

129

3vbc ⟨*uerum*⟩ uel *rectum* quantum ad homines *fides* quantum ad
deos. Vel *verum* id est ueritas ad dicta *fides* ad cogitacionem.

3va2 *fraus* quando aliquid agitur et aliud simulatur.

130

No marginal commentary.

131

3va2 *vis* violencia, nam uiolenter rapiebant omnia.

  3vc ⟨*amor sceleratus habendi*⟩ hoc dicit quia sepe male adquiritur.
Horacius:

               rem facias, rem,

5   si possis, recte, si non, quocumque modo, rem.

3vb ⟨*amor ... habendi*⟩ cupiditas per quam fiunt scelera.

132

3va1 *vela dabat* quod superius remouet ⟨ab⟩ hominibus, postquam
ceperunt esse auari, attribuit.

128/1   *Galterus:* Walter of Châtillon *Alex.* 4.195-7

129/1-2   *uel ... homines ... cogitacionem:* up to *homines* is written interlinearly
           (col. b); the remainder is in the margin (col. c), after the lemma
           verumque fidens.

131/3   *Horacius: Ep.* 1.1.65-6

  /6   *cupiditas ... scelera:* written interlinearly

a
133 nauita, queque diu steterant in montibus altis,

  a. carine per materiam, scilicet per arbores de quibus facte
      sunt naues

           a   b
134 fluctibus ignotis insultauere carine,

  a. incognitis homini uel carine
  b. frequenter saliere

   a   b   c
135 communemque prius ceu lumina solis et aure

  a. omnibus
  b. in tempore preterito
  c. sunt

  a   b
136 cautus humum longo signauit limite mensor.

  a. cauens de utilitate sua
  b. a messe

                  a   b
137 Nec tantum segetes alimentaque debita diues

  a. que debet homini
  b. uel micia

136   (gloss b) *a messe:* the text of the *Metamorphoses* presents three variants:
       mensor, messor, and *fossor.* The gloss *a messe* evidently explicates the
       textual reading *messor;* the discrepancy between gloss and text in the
       MS clearly illustrates the independent origin of both.
137   (gloss b) *uel micia:* a variant in some MSS for the universally accepted
       reading *debita.* The scribe mistakenly writes this gloss above *diues.*

133

3vc *queque* impropria est locucio, sicut dicitur 'mulier que dampnauit saluauit.'

134

3va1 ⟨*insultauere*⟩ Nauis dicitur fluitare in mari quia in fluido non potest habere firmum statum et secundum motum aque oportet moueri nauem.

3va2 ⟨*fluctibus*⟩ Virgilius in Georgicis:

5   Tunc alnos fluuii primum sensere cauatos.

135

3va2 *ceu* aduerbium similitudinis, coniungit similes casus.

3vc ⟨*aure*⟩ uenti sunt. Vel *auras* communes omnibus. Vnde infra:

Nec solem proprium natura nec aera fecit.

136

3vc ⟨*mensor*⟩ ⟨id est⟩ mensurator. ⟨*messor*⟩ Proprio utitur uocabulo, nam agricolarum est. Vel *mensor* uel *fossor*. Aliud est metiri, aliud est metari. Metari est proprie ponere castra, metiri omne illud de quo habetur mensura.

137

3va1 *diues* vnde et Pluto dicitur Dis a ditando quia illum ditat terra.

133/1   *impropria est locucio:* the problem resides in Ovid's use of the relative *que* (CL *quae*), which serves to link the hulls of the ships with their original form as trees in the mountains. As our commentator points out, strictly speaking it is not the hulls of the ships that stood on the mountains but the trees used to form the hulls. So in the illustrative phrase 'woman who damned saved,' strictly speaking the *que* refers not to Mary (subject of the main clause) but to Eve, who was responsible for damning man to sin.

134/4   *Virgilius: Georg.* 1.136. The commentator mistakenly assumes that *alnus* is a masculine noun.

135/2   *Vnde infra:* Ovid *Met.* 6.350

136/1-2   MSS of the *Metamorphoses* provide three variant readings: *mensor, messor,* and *fossor*. The 'Vulgate' commentary appears to conflate comments that originally explicated separate readings.

/3-4   *Metari ... mensura:* cf. Balbus *Cath.* s.v. 'Metari.'

137/1   *Dis ... terra:* cf. Balbus *Cath.* s.v. 'Dis.'

       a   b

138 poscebatur humus, set itum est in uiscera terre,

    a. dare

    b. querendo metalla

              a

139 quasque recondiderat Stigiisque admouerat umbris,

    a. terra

    a   b

140 effodiuntur opes, irritamenta malorum;

    a. extra terram fodiuntur

    b. scilicet quia aurum est causa belli

           a

141 iamque nocens ferrum ferroque nocencius aurum

    a. nocumentum inferens

138

No marginal commentary.

139

3vc ⟨*umbris*⟩ hoc dicit secundum illos qui dicunt infernum esse in
umbilico terre.

140

3va1 ⟨*e*⟩*fodiuntur* fod⟨i⟩endo habentur.

3vc ⟨*effodiuntur*⟩ Effoditur enim terra arando ut inde eliciantur
metalla. *effodiuntur* sic a Petreianis aqua carentibus legitur
esse factum. Vnde Lucanus:

5   Iamque inopes unde primum tellure refossa
    occultos latices obstrusaque flumina querunt.
irritamenta malorum prouocaciones ⟨et⟩ allegaciones per
cupiditatem pecunie habende fiunt et in summa omnia mala.

3vc ⟨*irritamenta malorum*⟩ Hoc senciens Lucanus dixit:

10   hec pars uilissima rerum,
    certamen mouistis opes.

141

3va2 ⟨*nocens*⟩ Nocens est ferrum quia instrumentum est cedis,
aurum est nocencius quia est causa cedis.

3vc *aurum* propter quod habendum agitur bellum cum ferro.

140/3   *Petreianis:* the reading of all MSS of the 'Vulgate' except SXV.
               S has *petreiariis,* and above the line *uel a perierariis;* XV omit
               the comment, V through an erasure. The adjectival form
               Petreianus is only attested once in the *OLD.* In Lucan *Bell. civ.*
               bk. 4 the action centres around the soldiers of the general
               Petreius; thus the 'Vulgate' commentator must mean 'just as one
               reads was the action of the soldiers of Petreius, who were lacking
               water.'

    /4   *Vnde Lucanus: Bell. civ.* 4.292-3

    /5   *unde:* CL *undae*

    /6   *obstrusaque* (*b* above the line): the reading of S; XV (through
               erasure) omit this gloss. Some MSS of Lucan give an alternative
               reading *abstrusaque,* which is to be preferred.

    /9   *Lucanus dixit: Bell. civ.* 3.120-1

                  a   b
142 prodierat: prodit bellum, quod pugnat vtroque,

   a. sursum venerat
   b. pugnando fit

                          a   b
143 sanguineaque manu crepitancia concutit arma.

   a. crepitum faciencia
   b. bellum

        a   b   c
144 Viuitur ex rapto; non hospes ab hospite tutus,

   a. modo
   b. rebus per rapinam adquisitis
   c. est

              a   b   c
145 nec socer a genero, fratrum concordia rara est.

   a. est tutus
   b. etiam
   c. parua

        a   b   c   d
146 Imminet excicio uir coniugis, illa mariti;

   a. paratur
   b. morti
   c. sue
   d. iminet exicio

                            a   b
147 lurida terribiles miscent aconita nouerce;

   a. conficiunt et propinant
   b. venena illa

---

145 *fratrum concordia rara est:* the almost universal Ovidian text is *fratrum*
    quoque gratia rara est, which is presupposed by the interlinear gloss
    etiam (gloss b), explaining *quoque.*

146 *excicio:* CL *exitio*

142

3vc ⟨*utroque*⟩ id est utrobique quia non potest esse bellum nisi
inter duos. Vel utrinque id est in utramque partem. Vel
utroque quia pro auro pugnatum est cum ferro.

143

3va2 *sanguinea* sanguinem sicienti. Vel sanguine infecta.

144

3va2 Quid dicerem per singula ⟨de malis⟩? ⟨*uiuitur*⟩.
3vc ⟨*tutus*⟩ sicut Iupiter de Licaone.

145

3vc ⟨*rara*⟩ raro inuenta.

146

3va2 Ecce illud uicium quod magis est enorme quam cetera uicia
quia *uir* etc.

147

3va2 *lurida* ab effectu. Vel luridi caloris existencia. *terribiles*
terrorem inferentes.
3va1 *acconita* herbas illas ueneficas a caute natas multum ualentes
ad veneficia et intoxicaciones. Cerberus siquidem spumas
5 emisit super cautes et inde nascitur aconitum.
3vc *nouerce* Nouerca quasi nouos arcens filios, id est priuignos
suos, ut filiis suis posteris solis possit hereditas deuenire.

142/1-3 Cf. Arnulf *Comm. in Ov.* fol.30va: '*pugnat utroque* id est utrobique
id est quod fit inter duos. uel utroque id est pro auro et cum ferro.'
144/1 *Quid ... uiuitur:* 'What would I say one by one about the evils? "They
lived ...".'
/2 *sicut ... Licaone:* in the story of Lycaon (*Met.* 1.163-252), Jupiter
narrates how, disguised as a mortal, he visited the home of
Lycaon, who attempted to murder the god in his sleep.
147/4-5 *Cerberus ... aconitum:* Vat. Myth. I.57; Papias *Vocab.* s.v.
'Aconitum'
/6 *Nouerca ...filios:* Balbus *Cath.* s.v. 'Nouerca' provides a parallel for
this definition.

       a   b

148 filius ante diem patrios inquirit in annos.

   a. mortis patris
   b. uel incurrit

  a   b

149 Victa iacet pietas, et uirgo cede madentes,

   a. superbia et iniquitate
   b. interfectione

  a   b

150 vltima celestum, terras Astrea relinquit.

   a. quasi pulsa
   b. iusticia

148   (gloss b) *uel incurrit:* a common variant reading for *inquirit*

148

3vbc 〈*inquirit*〉 male querit in mala significatione, quasi diceret:
filius inquirit mortem patris sui a uaticinatoribus.

149

No marginal commentary.

150

3va2 *astrea* id est iusticia, Astrei gigantis et Aurore filia secundum
fabulam. Vel dicitur *astrea* quia ab astris originem habuit et in
terris descendit et iterum ascendit in celum. Vnde illud:
Vltima de superis illa reliquit humum.
3vc 〈*reliquit*〉 ad hanc reuocandam inuitare uidetur Aristotiles
Alexandrum:
et per te reuocatur ab alto
vltima que superum terras Astrea reliquit.
3va1 Hiis uisis exponamus que dicta sunt de mundo mutato in
10 quatuor secula uel etates. Talis mutacio est moralis. Prioris
siquidem etatis homines, sicut aurum ceteris metallis preualet,
sic hominibus preualuerunt ceteris, et sic adaptandum est de
ceteris hominibus successiue in ceteris etatibus existentibus
suis moribus effectum representantibus metallorum.

148/1   *male ... significatione:* written interlinearly
150/1   *astrea ...fabulam:* cf. Aratus *Phaen.* 105.
   /3   *Vnde illud:* Ovid *Fasti* 1.250
   /5-6   *Aristotiles Alexandrum:* Walter of Châtillon *Alex.* 176-7

The Story of Orpheus: *Metamorphoses* 10.1-77

1 Inde per inmensum croceo uelatus amictv
        a   b   c

    a. postea
    b. amplum
    c. rubeo

2 aera digreditur Ciconumque Hymeneus ad horas
      a   b   c

    a. discedit
    b. populorum. Cicones populi sunt in Tracia
    c. fines

3 tendit et Orphea nequicquam uoce vocatur.
      a   b   c

    a. adiectiuum est Orphei
    b. inutiliter
    c. uel rogatur

4 Affuit ille quidem, set nec sollemnia uerba
  a   b   c   d

    a. in nupciis
    b. Himeneus
    c. certe
    d. festiua

5 nec letos uultus nec felix attulit omen.

6 Fax quoque, quam tenuit, lacrimoso stridula fumo
  a   b   c

    a. teda
    b. certe
    c. lacrimis pleno

1

90ra Continuacio: ita Himeneus interfuerat nupciis Yphidis et
Yante⟨s⟩; *inde* ex illis nupciis. Vel a Creta ubi fuerunt nupcie
Yphidis et Yantes.

90rc *croceo* amictu utuntur lasciui. Vel *croceo* propter flores qui
5 solent spargi in nuptiis. Vel *croceo* ad designandum amorem
igneum.

2

No marginal commentary.

3

No marginal commentary.

4

No marginal commentary.

5

No marginal commentary.

6

90rc ⟨*fumo*⟩ Fumus enim suscitat lacrimas.

1/1   *Continuacio:* a term used by the commentator to underline the
connections between various stories in each book and from book
to book; for another example see the marginal commentary to
Met. 10.64/3. At the close of bk. 9 Hymen, the god of marriage,
attends the happy union of Iphis and Ianthe. At the opening of bk.
10 he is summoned to the wedding of Orpheus and Eurydice, but
he comes unwillingly since he knows that Eurydice is destined to
die on her wedding day.

>   a   b   c

7 vsque fuit nullosque inuenit motibus ignes.

   a. assidue
   b. alios
   c. per motus

>   a   b   c   d   e

8 Exitus auspicio grauior: nam nupta per herbas

   a. finis
   b. omine
   c. fuit
   d. quia
   e. Euridice

>   a

9 dum noua, Naiadum turba comittante, uagatur,

   a. nimpharum

>   a   b   c

10 occidit in talum serpentis dente recepto.

   a. mortua est
   b. suum
   c. et hoc

>   a   b

11 Quam satis ad superas postquam Rodopeius auras

   a. Euridicen
   b. Orpheus Tracensis

>   a   b c

12 defleuit uates, ne non temptaret et umbras,

   a. pro ut
   b. pro etiam uel similiter
   c. infernales

7

90rc ⟨*motibus*⟩ Per motus enim solent faces accendi. Vnde supra:
   Tunc face iactata per eundem sepius orbem
   consequitur motis velociter ignibus ignes.

8

90ra *exitus* quasi ⟨diceret⟩: malum fuit primum omen set grauior
finis secuta est.

90rc *grauior* dicit, et ostendit quomodo grauior *nam.*

9

No marginal commentary.

10

90rc *recepto* Ecce quod Virgilius ait sub persona Prothei ad
Aristeum dicens:
                  has miserabilis Orpheus
         haut quamquam ob meritum penas, ni fata resistant,
5   suscitat, et rapta grauiter pro coniuge fleuit.
         Illa quidem, dum te fugeret per flumina preceps
         ⟨inmanem⟩ ante pedes ydrum moritura puella
         seruantem ripas alta non uiderat herba.

11

90rc ⟨*Rodopeius*⟩ Rodope mons est in Tracia vnde erat Orpheus.

12

No marginal commentary.

7/1   *Vnde supra:* Ovid *Met.* 4.508-9
10/1   *Virgilius ait: Georg.* 4.454-9

13   ad Stiga Tenaria est ausus descendere porta

a   b

14   perque leues populos simulacraque functa sepulcro

   a. transiens suplete

   b. et

a   b   c

15   Persephonen adiit inamenaque regna tenentem

   a. Proserpinam deam infernalem

   b. sine amenitate existencia

   c. scilicet infernum

---

14   (gloss a) *transiens suplete:* 'supply the present participle "going through".'

13

90ra *Tenarea* Tenaris uallis Laco[o]nie per quam est descensus ad
inferos. Vnde Virgilius:

> Tenarias etiam fauces, alta hostia Ditis,
> et caligantem nigra caligine lucum
> 5   ingressus, manes adiit.

Et Stacius:

> Tenaree limen petit irreuocabile porte.

90rc1 *ausus* Maxima fuit audacia uiuum aput inferos descendere
quod est contra naturam.

14

90ra *leues* carentes corporeis instrvmentis.

90rc2 *functa* Loquitur secundum illos qui dicebant animam errare
nisi plenariam haberent sepulturam. ⟨Vnde Virgilius:
Centum errant annos.⟩

90rc1 ⟨*sepulcris*⟩ Simile est supra:

> Vmbreque recentes
> descendunt illac simulacra⟨que⟩ functa sepulcris.

15

90ra *Persephonen* id est pergens sine sono. Cum maiore enim
strepitu mouetur sol quam luna que intelligitur per
Proserpinam.

13/1-2	*Tenaris ... inferos:* Papias *Vocab.* s.v. 'Trenarus'
	Laco[o]nie: Laconie XV[2]. Cf. Servius *Comm. in Georg.* 4.466.
/2	*Vnde Virgilius: Georg.* 4.467-9
/4	*caligine:* the commentator's mistake: Virgil actually wrote *formidine*.
/6	*Stacius: Theb.* 1.96
14/3	*Vnde Virgilius: Aen.* 6.329. Transmitted in other 'Vulgate' MSS, this passage seems to have been inadvertently omitted in S.
/5	*Simile est supra:* Ovid *Met.* 4.434-5
15/1	*id est ... sono:* I have not found the source for this etymology. The commentator attempts to explain the derivation of the word from Latin *pergens* and Greek *phōnē* (φωνή). Either he took the first element *per* and added it to *se-phone* (*se* 'without' = *sine*, or as the privative suffix *se-* in *separo, seduco*), or he joined *pergens* and *phone* with the Greek privative suffix *a-* (*aphone*), 'lacking voice.'

            a   b   c   d
16 vmbrarum dominum pulsisque ad carmina neruis

    a. infernalium
    b. Plutonem
    c. cum digitis
    d. cordis cithare

                a   b
90vb 17 sic ait: 'o positi sub terra numina mundi,

    a. Orpheus
    b. o

        a   b   c
18 in quem decidimus, quicquid mortale creamur,

    a. mundum
    b. descendimus
    c. uel -tur

        a   b   c   d
19 si licet et falsi positis ambagibus oris

    a. michi loqui
    b. mendacis
    c. de
    d. longis sermonibus

            a   b
20 vera loqui sinitis, non huc ut opaca uiderem

    a. me
    b. obscura

    17   (gloss b) *o:* a common device to signal vocative case. See also lines 44,
            70.
    18   (gloss c) *uel -tur:* the commentator provides the common textual variant
            creatur.
    19   (gloss c) *de:* the commentator explains that the simple verb *ponere* here
            means *deponere,* 'to place aside.'

16
No marginal commentary.

17
90va ⟨*o positi*⟩ Loquitur secundum illos qui dicunt infernum esse
sub terra quod idem similiter dicit Virgilius in hunc modum:
At illum
sub pedibus Stix atra uidet manesque profundi.

18
90vc ⟨*creamur*⟩ quia sicut alibi dicitur, infra scilicet:
Serius aut cicius sedem remeamus ad ymam.

19
No marginal commentary.

20
90vc ⟨*uiderem*⟩ vt Eneas qui ideo ibi descendit.

17/2   *dicit Virgilius: Georg.* 1.242-3
18/1   *dicitur, infra: Met.* 10.33
20/1   *vt Eneas ... descendit:* Virgil *Aen.* bk. 6. Cf. Arnulf *Comm. in Ov.* fol.
49ra: '*uiderem* ut Eneas qui ideo descendit.'

21   Tartara descendi, nec uti uillosa colubris

        a   b
22   Terna Medusei uincirem guttura monstri.

    a. serpentini
    b. scilicet Cerberi

       a   b   c   d
23   Causa uie est coniunx, in quam calcata uenenum

    a. mee
    b. mea
    c. coniugem
    d. ab ipsa

  a   b   c
24   vipera diffudit crescentesque abstulit annos.

    a. serpens
    b. iuueniles
    c. illi

                      a
25   Posse pati uolui nec me temptasse negabo.

    a. pati hoc

    a   b   c
26   Vicit amor, supera deus hic bene notus in aura est.

    a. me uel patienciam
    b. scilicet amor
    c. hora

26   *aura:* the commentator supplies the variant *hora* (gloss c); modern
     editions of Ovid print the line with the reading *ora.* Since medieval
     scribes frequently wrote words with an intrusive *h,* it is difficult to
     determine whether our commentator understood the variant as *hora,*
     'hour, length of time' or as *ora,* 'region, area.' His explication of the
     passage in the marginal commentary, however, assumes the reading
     ora (see facing page).

21

90va ⟨*Tartara*⟩ Tartarus etheroclitum est in genere. Est enim
masculini generis in singulari numero; in plurali uero neutri
pro inferno. Est etiam neutri generis in singulari set significat
fecem vini. Vnde uersus:

5   Tartarus ater habet plurale ra, vinaque dant rum.

22

90va *medusei* id est habentis crines serpentinos ad modum Meduse.
Vel serpentes pro crinibus.

90vc ⟨*vincirem*⟩ sicut Hercules qui cum abstraheret Cerberum ab
inferno, coegit eum spumare et ex spuma processerunt

5 aconita. Hoc uidens quidam mutatus est in lapidem.

23

No marginal commentary.

24

90vc ⟨*annos*⟩ quia adhuc iuuencula erat. Anni dicuntur crescere
usque ad quinquagesimum, secundum alios usque ad
tricesimum.

25

90va ⟨*pati*⟩ hoc malum, id est pacienter sustinere mortem eius.

26

90vc ⟨*notus in hora est*⟩ aput scilicet superos, et respicit ad illud:
      Regnat et in dominos ius habet ille deos.

21/1   *etheroclitum:* a noun that can have two genders. The commentator
         thus underlines that the noun *Tartarus* in both the masculine
         singular and the neuter plural signifies the realm of Hades (as
         attested in the *OLD*); see also the marginal commentary and note
         to *Met.* 1.113/1. Latham attests to the meaning provided for the
         neuter singular.

/4   *Vnde uersus:* Alexander of Villa-Dei *Doct.* 382

22/3-5   *sicut ... aconita:* Vat. Myth. I.57; Papias *Vocab.* s.v. 'Aconitum'

/5   *Hoc ... lapidem:* Ovid *Met.* 10.65-7

26/2   *Regnat ... deos:* Ovid *Her.* 4.12

```
        a     b                        c        d
27  An sit et hic, dubito, set et hic tamen auguror esse,
```

    a. ille deus
    b. notus
    c. credo illum
    d. notum

```
                             a
28  famaque si ueteris non est mentita rapine,
```

    a. falsa

```
     a
29  vos quoque uincit amor. Per ego hec loca plena timoris,
```

    a. etiam

```
                                        a
30  per chaos hoc ingens uastique silencia regni,
```

    a. inferni

```
            a            b
31  Euridices, oro, properata retexite fata!
```

    a. vos
    b. reuocate

27

90vc Quamuis dubito *tamen.*

90va2 *hic* aput inferos.

28

90va2 ⟨*fama*⟩ Et vere hic auguror esse amorem quia *fama.*

90vc *rapine* scilicet rapine Proserpine.

29

90va2 *vos* o Pluto et o Proserpina.

90va1 *amor* Ad hoc respicit quod dixit supra Iupiter excusando
Plutonem de raptu dicens:

Non hoc iniuria factum,

5   verum amor est.

30

90va2 *per chaos* per istam confusionem magnam, quia omnia sunt
confusa aput inferos, quia ibi nullus ordo set sempiternus
horror inhabitans.

90va1 *uasti* quia omnibus sufficit populis nec sentit turbam

5 accedere.

90vc *silencia* quia non habent instrvmenta corporea ad loquendum.

31

90va *Euridices oro properata retexite fata* dicit quia tres Parce
dicuntur vitam hominis disponere, quia Cloto colum baiulat,
Lachesis trahit, Atropos occat. Cloto facit de non esse ad esse,
Lachesis uitam hominis protrahit, Attropos facit de esse ad

29/2   *dixit supra: Met.* 5.525-6

30/2-3   *nullus ... inhabitans:* Iob 10:22. Cf. Arnulf *Comm. in Ov.* fol. 49ra:
          '*per chaos* quia aput inferos omnia sunt confusa ubi nullus ordo
          set sempiternus horror inhabitat.'

/6   *silencia ... loquendum:* cf. Arnulf *Comm. in Ov.* fol. 49ra: '*silentia*
          quia non habent instrumenta corporea ad loquendum.'

31/2-3   *Cloto ... occat:* Walther, *Initia* no. 2943; Eberhard *Graec.* 7.45.
          CL *occare* means 'to harrow ground,' but in the Middle Ages the
          word had the additional sense 'to snip thread.'

                    a   b
31 Euridices, oro, properata retexite fata!

     a. vos
     b. reuocate

                                       a
32 Omnia debentur uobis paulumque morati

     a. nos

                    a   b
33 serius aut cicius sedem properamus ad imam.

     a. ad inferos
     b. uel ueniemus

                                     a
34 Tendimus huc omnes, hec est domus ultima, vosque

     a. nostra

33   (gloss b) *uel ueniemus:* a textual variant not attested in the standard
     editions.
34   (gloss a) *nostra:* corrected by V² from the commentator's *vestra*

5 non esse. Vnde uersus:
    Res de non esse Cloto deducit ad esse,
    tradit eis esse Lachesis, rapit Attropos esse.
90vabc Vita autem hominis bene comparatur colo et lane coli quia
    lana, que in colo ponitur, futurum tempus significat, quia sicut
10 nescitur quid fiet de lana antequam trahatur, ita humanus
    sensus non extenditur ad futuri scienciam. Filum autem quod
    trahitur significat presens tempus de quo bene scitur. Filum
    quod fuso inuoluitur significat preteritum. Et ita bene vita
    humana colo comparatur et Parce bene dicuntur disponere
15 vitam hominis.
90vab Treni, orum dicuntur lamentaciones, vnde trenarius, a, um.
    Porta uero infernalis dicitur trenaria, id est lamentabilis, quia
    ibi audiuntur treni descendencium ad inferos.
90vc *retexite* id est de morte ad uitam reducite. *properata* id est
20 propere retexite. Vel *properata* id est festinata. Nimium enim
    propere mortua est.

    32
90vc ⟨*properamus*⟩ uel *remeamus*.

    33
90va2 ⟨*tendimus huc omnes*⟩ Loquitur secundum tempus suum quia
    omnes descendebant tunc temporis aput inferos. Et respicit ad
    hoc quod supra dictum est:
        Sic omnes animas locus accipit ille.

    34
    No marginal commentary.

31/5   *Vnde uersus:* I have not found the source, but see Geoffrey of Vitry
        Comm. in Claud. p. 31.
  /16   *Treni, orum:* CL *threnus,* 'dirge, lamentation'
  /17-18 *Porta ... inferos:* Balbus *Cath.* s.v. 'Trena' provides a similar
        definition.
33/3   *supra dictum: Met.* 4.441

35   humani generis longissima regna tenetis.

    a   b   c
36   Hec quoque, cum iusios matura peregerit annos,

    a. Euridice
    b. certe
    c. scilicet cum uergetur eius etas in senium

    a   b   c
37   iuris erit uestri: pro munere poscimus vsum.

    a. potestatis
    b. loco muneris
    c. vtilitatem

    a   b   c
38   Quod si fata negant ueniam pro coniuge, certum est

    a. set
    b. indulgenciam
    c. mea

                  a   b
39   nolle redire michi, leto gaudete duorum.'

    a. morte
    b. nostrum

    a   b   c
40   Talia dicentem neruosque ad uerba mouentem

    a. propter
    b. illum
    c. cordas cithare

41   exangues anime flebant. Nec Tantalus undam

   40   (gloss a) *propter:* 'because he was saying such things'

35

90vc *longissima* ad penas respicit infernales que nunquam
defficiunt. De quibus dicit magister Galterus in Alexandreyde:
O supplicium miserabile! semper
et nunquam moritur quem torquet carcer Auerni.

36

No marginal commentary.

37

90vc ⟨*usum*⟩ scilicet ut vtar illa. Vel *usum* id est adcommodacionem
quia dare ad usum est adcommodare.

38

No marginal commentary.

39

90vc ⟨*duorum*⟩ scilicet mei et vxoris mee, quasi diceret: si fata
nolunt ut illam retraham, nolo redire ad superos. Vel aliter
quod id est quam rem, scilicet uxorem *si fata* id est
disposiciones fatorum *negant, ueniam pro coniuge* id est
5 moriar pro coniuge et ita ueniam ad uos, et *certum est.*

40

90va2 Ita conquerebatur Orpheus, modo uerba sunt actoris ⟨*talia*
etc.⟩

41

90va1 ⟨*Tantalus*⟩ Dico quod lacrimate sunt anime pro illo et etiam
officia sua reliquerunt quia *nec Tantalus.*

35/2   *Galterus:* Walter of Châtillon *Alex.* 10.119-20
37/1-2   *scilicet ... adcommodare:* cf. William of Orléans *Comm. in Ov.* fol.
          90rb: '*pro munere poscimus usum* id est accomodac⟨i⟩onem. Dare
          enim ad usum est accomodare.'

$$\overset{a}{}\qquad\qquad\overset{b}{}$$

42   captauit refugam stupuitque Ixionis orbis,

    a. quia cessauit ab officio suo

    b. id est rota

             a   b   c

43   nec carpsere iecur uolucres, urnisque vacarunt

    a. Titii

    b. ab

    c. uacarunt id est cessauerunt

                            a

44   Belides, inque tuo sedisti, Sysiphe, saxo.

    a. o

                a   b

45   Tum primum lacrimis uictarum carmine fama est

    a. per

    b. carminis modulacione

42

90va2 ⟨*nec Tantalus captauit*⟩ id est cessauit pena eius.

43

90va1 ⟨*nec carpsere*⟩ Iste Ticius Iunonem de stupro interpellauit.
Vnde uultures eius iecur corrodunt aput inferos et semper in
principio ebdomade renouatur. Vnde:
   Sic inconsumptum Ticii semperque renascens
5   non perit ut possit sepe perire iecur.

44

No marginal commentary.

45

90va2 ⟨*Belides*⟩ Note sunt fabule istorum et si uelitis, eas requirite in
quarto libro.

43/1   *Ticius:* CL *Tityus,* in mythology a giant, son of Ge, slain by Apollo
        and Artemis for offering violence to their mother Leto. He was
        bound in Hades, while two vultures tore at his liver.
  /1   *Iunonem:* more properly *Latonam.* This error appears to have been
        copied from Arnulf *Comm. in Ov.* fol. 49ra: 'Ixion quia Iunonem
        interpellauit de stupro uoluitur in rota.'
  /2   *Vnde ... inferos:* Vat. Myth. III.6.5, Hyginus *Fab.* 55
  /3   *ebdomade* = *hebdomade,* genitive feminine singular of *hebdomada*
        (CL *hebdomas*), a seven-day period
  /4-5 *Sic ... iecur:* Ovid *Pont.* 1.2.39-40
45/1-2 *Note ... libro: Met.* 4.463. The commentator fully explains the
        background of this myth on fol. 36v of Sélestat 92. The Belides
        (also known as the Danaids) are female descendants of Belus.
        According to the myth, Danaus had fifty daughters and his brother
        Aegyptus fifty sons. The brothers quarrelled, and Danaus fled
        with his daughters from their home in Egypt to Argos, where
        Danaus became king. The sons of Aegyptus followed the
        daughters to marry them. Danaus was compelled to submit to the
        marriage, but ordered his daughters to kill their husbands on their
        wedding night. This they did, with the exception of
        Hypermnestra. As punishment, the Danaids were condemned in
        Hades to try to fill with water a jar with holes in the bottom. The
        story of the Danaids is also told by Aeschylus in his *Suppliants,*
        and by Pindar in *Pyth.* 9.193ff.

           a   b
46 Eumenidum maduisse genas, nec regia coniunx

  a. furiarum

  b. Proserpina

             a   b   c
47 sustinet oranti, nec, qui regit ima, negare

  a. Orpheo

  b. Pluto

  c. vxorem

        a   b
48 Euridicenque uocant. Vmbras erat illa recentes

  a. vxorem Orphei

  b. animas

                         a
49 inter et incessit passu de uulnere tardo.

  a. propter uulnus quia morsa fuerat in talo

        a   b   c
50 Hanc simul et legem Rodopeius accipit heros,

  a. Euridicen

  b. condicionem

  c. Orpheus

        a   b   c
51 ne flectat retro sua lumina, donec Auernas

  a. scilicet ipse

  b. id est respiciat

  c. infernales

                a   b
52 exierit ualles, aut irrita dona futura.

  a. in irritum reuocata

  b. erunt

46
No marginal commentary.

47
90vc ⟨*negare*⟩ immo benigniter exaudiunt preces eius.

48
90vc ⟨*recentes*⟩ recenter a corporibus exutas.

49
No marginal commentary.

50
No marginal commentary.

51
90va2 Et hec est condicio *ne*.

52
No marginal commentary.

         a   b
53 Carpitur acliuis per muta silencia trames,

    a. ab illis
    b. limes

         a
54 arduus, obscurus, caligine densus opaca.

    a. trames, dico

           a
55 Nec procul abfuerant telluris margine summe:

    a. longe

       a   b   c
56 hic, ne deficeret, metuens auidusque uidendi

    a. Orpheus
    b. illa
    c. cupidus

        a   b   c   d
91rb 57 flexit amans oculos, et protinus illa relapsa est,

    a. id est respexit
    b. Orpheus
    c. suos
    d. Euridice

         a   b   c   d   e
58 brachiaque intendens prendique et prendere captans,

    a. sua
    b. Orpheus
    c. ab illa
    d. illam
    e. cupiens

               a
59 nil nisi cedentes infelix arripit auras.

    a. ille, dico, in hoc

53

90vc 〈*carpitur*〉 Hic describit locum per quem exi[e]bat Orpheus
cum uxore ab inferis. Vnde dicit *carpitur.*

90va2 Describit locum per quem Orpheus cum uxore sua Euridice ab
inferis recesserunt.

90va1 *acliuis* similis cliuo, id est altus.

54

No marginal commentary.

55

No marginal commentary.

56

90vc 〈*uidendi*〉 id est cupiens illam uidere.

57

No marginal commentary.

58

No marginal commentary.

59

No marginal commentary.

<pre>
           a   b   c
60 Iamque iterum moriens non est de coniuge quicquam
</pre>

    a. Euridice

    b. de Orpheo

    c. aliquid

<pre>
                a   b
61 questa suo (quid enim nisi subsequeretur amatam)
</pre>

    a. quia

    b. esse ab illo

62 supremumque 'uale,' quod iam uix auribus ille

<pre>
    a   b   c
63 acciperet, dixit reuocataque rursus eodem est.
</pre>

    a. uel perciperet, audiret

    b. illa Euridice

    c. loco aput inferos

60

No marginal commentary.

61

91rc Dico quod moriens nichil questa est de suo coniuge *enim.*

62

91ra Quoniam executis negociis solet dici 'uale,' ideo dicit
supremum, et sic Virgilius:
      dixitque nouissima uerba.

63

91rc Orpheus siquidem sapientissimus fuit et musicus. Vnde dictus
est Orpheus ab ore et phonos quod est sonus, quasi ore sonans,
et ideo dictus est filius Appollinis, id est sapiencie, et
Calliopes, id est bone sonoritatis. Duxit Euridicen, que
5 interpretatur profunda diiudicacio, cui adheret sapiens cum de
rebus subtilissimis diiudicat. Vxor uero, id est profunda
diiudicacio, a serpente morsa, id est fallacia istius seculi
decepta (cum bona terrena transitoria sint et falsa), ad inferos
descendit, id est ad uicia declinat, quam maritus sequitur
10 quando ad uicia non tantum cogitacione set etiam opere
diuertit. Set ibi cantando, id est de uiciis et uirtutibus
disputando, uxorem suam, id est profundam diiudicacionem, a
uiciis erigit ad uirtutes. Set quia respexit, amisit. Vnde fingitur
quod Euridice de uiua in mortuam est mutata et iterum de
15 mortua in uiuam, et de uiua in mortuam. Sic ergo moralis est
ista mutacio.

62/2   *sic Virgilius: Aen.* 6.231
63/2   *Orpheus ... sonus:* Fulgentius *Mit.* 3.10
  /4-5   *Euridicen ... diiudicacio:* Fulgentius 3.10
  /15-16 *Sic ... mutacio:* Arnulf *Alleg.* 10.1

$$\overset{a}{} \qquad \overset{b}{}$$

64 Non aliter stupuit gemina nece coniugis Orpheus,

   a. propter
   b. sue Euridices

$$\overset{a}{} \qquad \overset{b}{} \qquad \overset{c}{} \qquad \overset{d}{}$$

65 quam tria qui timidus, medio portante cathenas,

   a. ille
   b. scilicet Licas
   c. et hoc collo
   d. ab Hercule inpositas

$$\overset{a}{}$$

66 colla canis uidit; quem non pauor ante reliquid

   a. Cerberi

$$\overset{a}{} \qquad \overset{b}{} \qquad \overset{c}{} \qquad \overset{d}{} \qquad \overset{e}{}$$

67 quam natura prior, saxo per corpus oborto;

   a. reliquit
   b. scilicet anima
   c. et hoc
   d. eius
   e. nato

65   (gloss b) *Licas:* the commentator mistakenly confuses the unknown man in this myth with Lichas, the attendant of Hercules, whose story is narrated in *Met.* 9.211-25. Both Lichas and the individual mentioned in the myth narrated at 10.65 were transformed into stone due to their overwhelming fear.
    (gloss d) *ab Hercule inpositas:* Hercules brought back Cerberus, the hound who guards the entrance to the underworld, to Eurystheus. Ovid alludes to this story at *Met.* 9.185.

67   (gloss c) *et hoc:* used by the commentator to link the ablative absolute phrase with what precedes. Understand: 'Fear did not leave the man before his own form – (*et hoc*) and this occurred – since stone arose and covered his body.'

64

91ra Hic est secunda huius libri mutacio, de quodam scilicet pro
Cerbero uiso in lapidem mutato, et hoc est *non aliter.*
Continuacio: ita iterum mortua erat Euridice, et *non aliter.*
91rc *gemina* primo in lesione serpentis, secundo dum uisa ab
5 Orpheo contra legem sibi datam relapsa est aput inferos.

65

No marginal commentary.

66

No marginal commentary.

67

91ra Item moralis est ista mutacio. Allegoria talis est: phillosophus
quidam fuit qui, cognita subtilitate Herculis qui docuit terram
esse tripartitam, quam dedit intelligi per Cerberum (vnde
fingitur Cerberum traxisse ab inferis), desperauit post
5 Herculem nichil phillosophicum dicere et stupore percussus
destitit a sensu. Vnde in lapidem fingitur esse mutatus.

64/1-2 *Hic ... mutato:* this myth is otherwise unknown. Ovid refers to a man
who saw Hercules bringing Cerberus to Eurystheus (cf. *Met.*
9.185) and was so terrified that he turned to stone. The story of
Hercules and Cerberus is also narrated in the tale of Medea (*Met.*
7.404-24), where Ovid describes how Medea mixes poison
derived from the foam of Cerberus' jaws.

/3 *Continuacio:* used to underline the connections between the stories;
for another example see the marginal commentary to *Met.* 10.1/1.

67/1-3 *phillosophus ... Cerberum:* Vat. Myth. III.6.22

/6 *Vnde ... mutatus:* Arnulf *Alleg.* 10.2

a   b
68 quique in se crimen traxit uoluitque uideri

    a. et non aliter stupuit quam ille
    b. coniugis sue

a
69 Olenos esse nocens, tuque, o confisa figure,

    a. pronomen scilicet

    a   b
70 infelix Lethea, tue, iunctissima quondam

    a. pronomen o
    b. antiquitus

a   b   c
71 pectora, nunc lapides, quos humida sustinet Ide.

    a. quorum
    b. sunt
    c. silua Troiana

a   b
72 Orantem frustraque iterum transire uolentem

    a. Orphea
    b. set

69   *Olenos:* an obscure myth. Olenos' wife Lethaea was so proud of her
    beauty that she incurred the wrath of a divinity. Olenos attempted to
    save his wife by assuming her punishment, but was only permitted to
    share in her fate.

68

91rc Tercia est mutacio de Eleno et uxore sua in lapides et hoc est
quique.
Allegoria talis est: deorum contemptores fuerunt illi et uersi
sunt in reprobum sensum. Vnde in lapides mutati fuisse dicti
5 sunt. Maxima enim est cordis duricia deum contempnere.
Vnde iudicatur esse moralis ista mutacio, *orantem* etc.

69

No marginal commentary.

70

91ra Lethea pulcherima mulier fuit que pretulit se Iunoni in
pulcritudine. De qua cum Iuno uellet se ulcisci, Elenos,
maritus Lethee, deprecatus est eam ut de se uindictam
acciperet et uxori sue parceret. Iuno uero ambos mutauit in
5 saxum.

71

No marginal commentary.

72

91rc Agit hic de Orpheo in amatorem marium mutato et pendet
precedentibus. Dicit enim *orantem* etc.

68/1   *mutacio ... lapides:* Ovid here refers to an obscure myth. Lethaea,
         wife of Olenos, was so proud of her beauty that she provoked the
         anger of some deity like Venus, and as a result the goddess
         petrified her beauty. Lethaea's husband Olenos attempted to save
         his wife by assuming her punishment, but the goddess only
         permitted him to share in his wife's fate.
         Eleno: more properly *Oleno*
   /6   *Vnde ... orantem:* Arnulf *Alleg.* 10.3
70/2   *Elenos:* more properly *Olenos*
   /3   *Lethee:* CL *Lethaeae*
   /4   *Iuno ... saxum:* cf. *Liber de natura deorum* (ed. Brown, p. 57).
72/1-2 *Agit ... precedentibus:* the commentator here alludes to Ovid's later
         statement (*Met.* 10.79-85) that Orpheus henceforth transferred his
         passion from females to boys.

    a   b   c   d

73 portitor arguerat. Septem tamen ille diebus

    a. Cerberus
    b. prohibuerat
    c. per
    d. Orpheus

    a   b   c

74 squalidus in ripa Cereris sine munere sedit:

    a. hirsutus
    b. in introitu inferni
    c. sine beneficio panis

         a   b

75 cura dolorque animi lacrimeque alimenta fuere.

    a. et
    b. illius

         a   b   c

76 Esse deos Herebi crudeles questus in altam

    a. inferni
    b. con
    c. ille

        a   b   c

77 se recipit Rodopen pulsumque aquilonibus Hemum.

    a. montem Trachie
    b. illis uentis
    c. montem

73   (gloss a) *Cerberus:* a mistake on the part of the commentator. The *portitor* is actually Charon, the ferryman of the river Styx.

76   (gloss b) *con:* the commentator signals that the simple verb *queri* stands for the compound *conqueri.*

73
91ra   *tamen* quamuis prohiberetur intrare *tamen.*

74
No marginal commentary.

75
No marginal commentary.

76
No marginal commentary.

77
No marginal commentary.

TEXTUAL NOTES

Sigla

S   Sélestat, Bibliothèque humaniste, MS. 92
X   Wolfelbüttel, Herzog-August-Bibliothek, Cod. Guelf.
       123 Gud. Lat.
V   Vatican City, Biblioteca Apostolica Vaticana,
       MS. Vat. lat. 1598
V²   Corrector of *V*

Emendations labelled *Corr.* are in a contemporary hand other than the scribe's; those labelled *s. XIV* and *s. XV* are in 14th- and 15th-century hands. Unlabelled emendations are editorial.

Ovid Text and Interlinear Glosses

1.8	eodem *add. in marg. s. XV:* edem *S*
1.15	aer: aher *S, with* h *expunged*
1.26	et sine: sine et *S*
1.33	sectamque: senectamque *S*
1.38	*(gloss)* fundo: fondo *S*
1.69	*Line add. in lower marg. S*
1.87	ymagine: ymagne *S*
1.91	uerba *S: corr. to* uincla *s. XIV*
1.91	ceso *S: corr. to* collo *s. XIV*
1.102	per se dabat: persedabat *S*
1.104	arboreos *Corr.:* arbores *S*
1.105	cornaque et: et *add. in marg. s. XV:* cornaque *S*
1.123	*(gloss)* Cereris: Ceres *S*
1.145	concordia *S:* uel quoque gracia *add. above* *s. XV*
1.147	aconita *Corr.:* aconia *S*
10.9	comittante *S:* comitata *add. above s. XV*
10.12	ne: nec *S*
10.13	Tenaria: Teneraria *S*
10.22	Terna *s. XV:* Tenna *S*
10.29	uincit *S: corr. to* iunxit *in marg. s. XV*
10.29	hec: hoc *S*

10.43	carpsere *corr. in marg. s. XV:* carsere *S*
10.43	vacarunt: vacarus *S, with* uacarunt *as gloss*
10.46	Eumenidum *corr. s. XV:* Eumedum *S*
10.52	irrita *corr. s. XV:* rita *S*
10.57	relapsa *corr. s. XV:* relaxa *S*
10.61	nisi subsequeretur *S (= established variant in MS tradition):* nisi se quereretur *corr. s. XV*
10.69	o confisa *corr. s. XV:* oofisa *S*
10.70	iunctissima *corr. s. XV:* mencissima *S*
10.73	portitor *corr. from* porcior *S*
10.77	*(gloss)* montem *S:* in *add. before* montem *Corr.*

Accessus and Marginal Commentary

Acc.12	Publii *X:* puplii *S*
Acc.20	sicut *add. above line Corr.: om. X*
Acc.35	*first* per *X:* propter *S (unclear)*
Acc.97	Agaue *add. Corr.:* Yno *SX*
1.1.10	citra: circa *SXV*
1.5.4	de *add. above line S*
1.6-7.4	insita *corr. S by blotting out last two letters and adding* -ta *above*
1.6-7.13	occeanus *V²:* -um *SX*
1.6-7.19	animi *codd. Iuv.:* animo *SXV*
1.21.2	adhuc *SX (or perhaps* ad hoc *S): om. V (through erasure)*
1.24.2	silentium: si̵le *SXV*
1.24.4	facit *V:* fecit *S: om. X*
1.25.10	eisdem *XV:* eis *S, with correction to* eisdem *add. in marg.*
1.25.12	distanciis: distenciis *S*
1.29.3	grandia elementa *V:* grande elementum *SX*
1.29.4	grandia elementa *V:* grande elementum *SX*
1.29.4	celum: cl̵m = celum *or* el̵m = elementum *SXV (MSS unclear)*
1.29.11	iunctis *X: om. V (through erasure): S unclear*
1.31.7	unum *X:* unde *S: V²* erases *et unum pendet ex altero quia enim and substitutes* id est rotundum sicut spera

1.32.10-11	Non audebat *X:* ideo audebat *S:* nolebat V^2 *(through erasure)*
1.36.2	diuisit *X:* dimisit *S: om. V*
1.41.10	sub *VX:* sunt *S (unclear)*
1.52-3.10-11	terre ... aque *SX:* aque ... terre V^2
1.52-3.12	elementorum: eorum *SXV*
1.52-3.13	quarum: quare *SXV*
1.57.5	id est *written above line S*
1.72.3	tamen *V:* cum *S:* cn *X*
1.77.2	parato: parata *SXV (corr. from* parati *X)*
1.77.5	media *add. in marg. S*
1.84.3	cornua ... ore *SXV:* cernua ... ora *codd. Bern.*
1.89.25	sera *codd. Boeth.:* sola *S: om. XV*
1.90.8	locuplete *XV:* locupleta *S*
1.101.3	Quando *V:* quoniam *S: gloss om. X*
1.106.3	Vel: unde *SX:* et V^2 *(through erasure)*
1.107.3	tum: cum *SXV*
1.108.4	cui *SV: om. X:* tibi *codd. Galt.*
1.113.34	quin *V:* quasi *S: gloss om. X*
1.113.37	uentres *V:* uestres *S (unclear): om. X*
1.113.38	quia *V:* quasi *S: om. X*
1.117.6-7	pestiferis temporibus *S:* pestiferis torporibus *V: om. X:* pestiferos corporibus *Salzburg a.V.4*
1.118.1	quod: qui *SXV*
1.124.1	quod *V:* quia *S: om. X*
1.124.3	tum *V:* cum *S: om. X*
1.128.3	Pululat: *S unclear, may write* pulubat
1.150.8	superum *VX:* super est *S*
10.7.2	iactata *XV:* iacterata *S (unclear)*
10.10.4	ni *codd. Verg.:* in *SXV*
10.10.6	fugeret *V:* fugerit *SX (S unclear)*
10.15.2	per *XV:* pro *S (unclear)*
10.17.3	At *codd. Verg.:* ad *SXV*
10.21.2	uero *written above line S*
10.28.1	hic auguror esse *V:* hic auguror hoc esse *X:* hoc auguror esse *S*
10.39.3	quod *V:* quid *SX*
10.63.4	que *XV:* quod *S*
10.63.8	sint: sunt *SV: section om. X*